Impressum
Verlag: BABADADA GmbH, Nedderfeld 112 , 22529 Hamburg
Geschäftsführer / Verlagsleitung: Harald Hof
Druck: Books on Demand GmbH, In de Tarpen 42, 22848 Norderstedt

Imprint
Publisher: BABADADA GmbH, Nedderfeld 112 , 22529 Hamburg, Germany
Managing Director / Publishing direction: Harald Hof
Print: Books on Demand GmbH, In de Tarpen 42, 22848 Norderstedt, Germany

школа

ကျောင်း

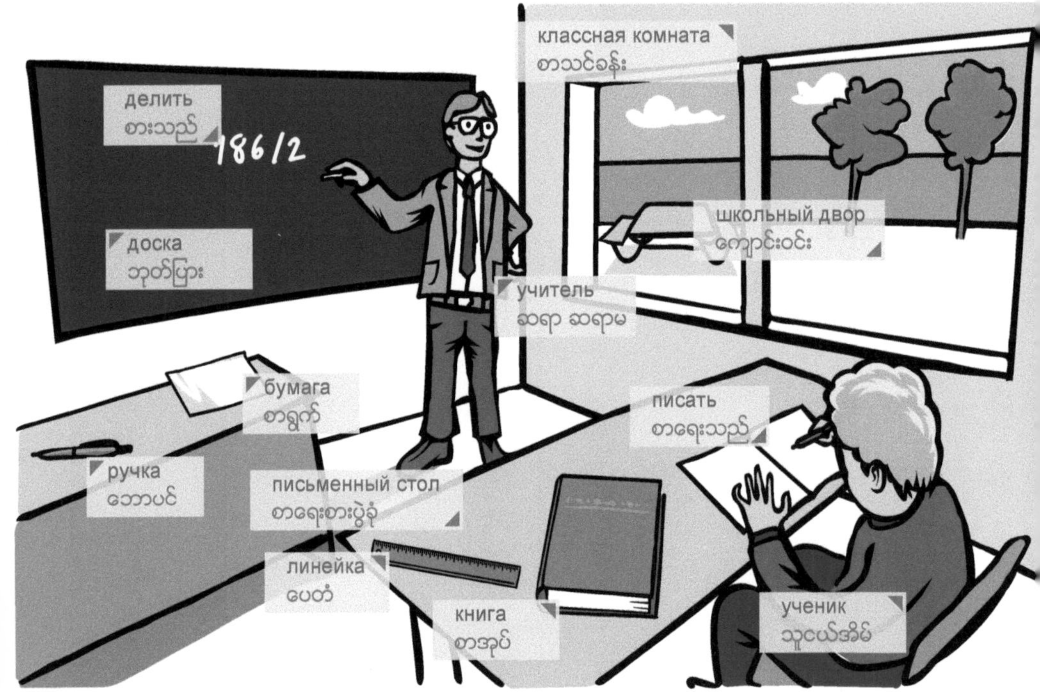

классная комната
စာသင်ခန်း
делить
စားသည်
186/2
доска
ဘုတ်ပြား
школьный двор
ကျောင်းဝင်း
учитель
ဆရာ ဆရာမ
бумага
စာရွက်
писать
စာရေးသည်
ручка
ဘောပင်
письменный стол
စာရေးစားပွဲခုံ
линейка
ပေတံ
книга
စာအုပ်
ученик
သူငယ်အိမ်

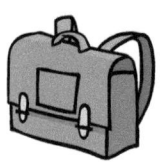

ранец

အဖုံးပါ ဘေးလွယ်အိတ်

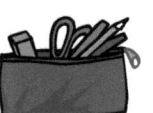

пенал

ခဲတံဘူး

карандаш

ခဲတံ

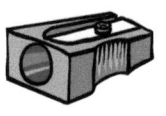

точилка

ချွန်စက်

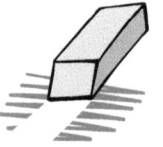

ластик

ခဲဖျက်

альбом для рисования

ပုံဆွဲစာအုပ်

рисунок

ပုံဆွဲခြင်း

кисточка

ဆေးခြယ်သည့် စုပ်တံ

коробка красок

အရောင်စုံ ဘူး

ножницы

ကပ်ကြေး

клей

ကော်

тетрадь

လေ့ကျင့်ခန်းစာအုပ်

домашняя работа

အိမ်စာ

12

цифра

နံပါတ်

2+2

прибавлять

ပေါင်းသည်

5-2

вычитать

နုတ်သည်

2×2

умножать

မြှောက်သည်

считать

တွက်ပါ

A

буква

စာ

ABCDEFG HIJKLMN OPQRSTU VWXYZ

алфавит

အက္ခရာ

hello

слово

စကားလုံး

текст

ဖတ်စာအုပ်

читать

ဖတ်သည်

мел

မြေဖြူ

урок

သခန်းစာ

классный журнал

ကျောင်းခေါ် ချိန်
မှတ်တမ်းစာအုပ်

экзамен

စာမေးပွဲ

диплом

အထောက်အထားလက်မှတ်

школьная форма

ကျောင်းဝတ်စုံ

образование

ပညာရေး

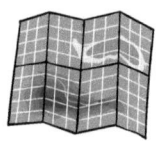

энциклопедия

စွယ်စုံကျမ်း

университет

တက္ကသိုလ်

микроскоп

အနုကြည့်မှန်ပြောင်း

карта

မြေပုံ

корзина для бумаг

အမှိုက်စတ္တာ|ပုံး

путешествие
ခရီးသွားသည်

Grand
гостиница
ဟိုတယ်
турбаза
ဘော်ဒါဆောင်
ROOMS
пункт обмена валюты
ငွေလဲဌာန
CHANGE
чемодан
ခရီးဆောင်အိတ်
автомобиль
ကား

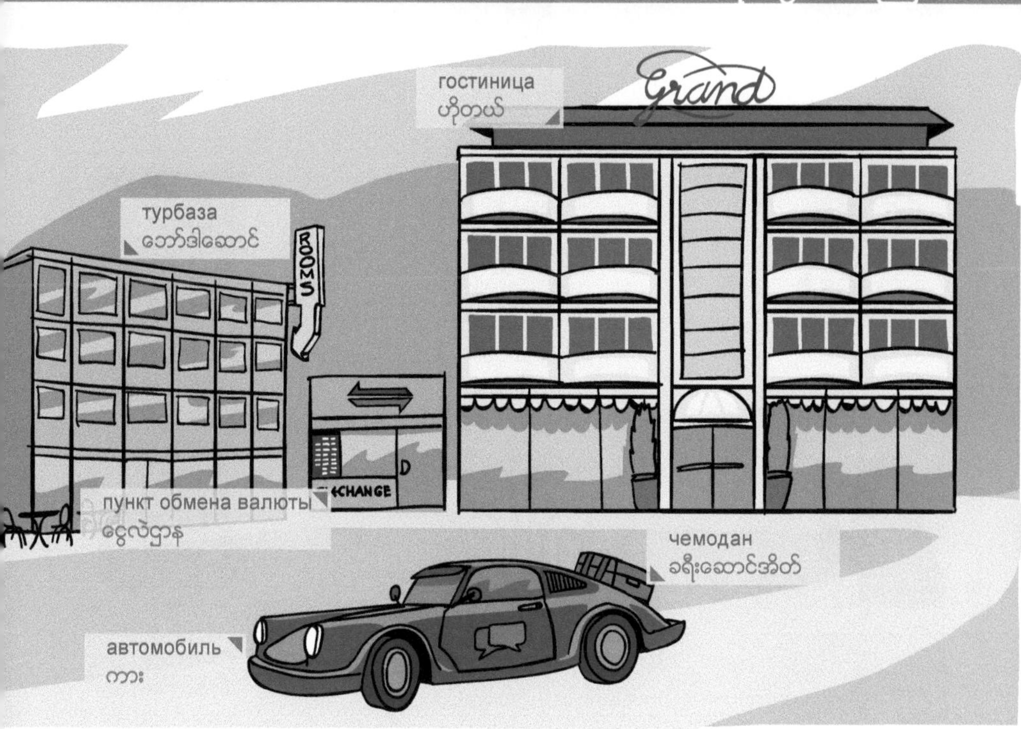

язык
ဘာသာစကား

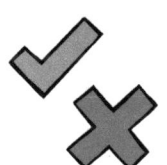

да / нет
မှန် / မှား

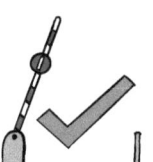

хорошо
အိုကေ

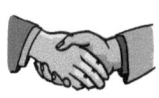

Привет
ဟယ်လို

переводчик
ဘာသာပြန်

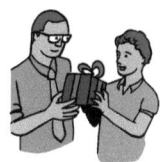

Спасибо
ကျေးဇူးတင်ပါတယ်

Сколько стоит...?

......က ဘယ်လောက်လဲ။

Я не понимаю

ကျွန်ုပ် နားမလည်ဘူး

проблема

ပြဿနာ

Добрый вечер!

မင်္ဂလာ ညနေခင်းပါ။

Доброе утро!

မင်္ဂလာ နံနက်ခင်းပါ။

Доброй ночи!

မင်္ဂလာ ညပါ။

До свидания

ဘိုင်းဘိုင်

направление

ဦးတည်ရာ

багаж

ခရီးဆောင်သေတ္တာ

сумка

အိတ်

рюкзак

ကျောပိုးအိတ်

гость

ဧည့်သည်

комната

အခန်း

спальный мешок

တစ်ကိုယ်စာအိပ်ယာလိပ်

палатка

ရွက်ထည်တဲ

туристическая информация

ခရီးသွားဧည့်သည်အတွက် သတင်းအချက်အလက်

пляж

ကမ်းခြေ

кредитная карточка

အကြွေးဝယ်ကတ်

завтрак

နံက်စာ

обед

နေ့လည်စာ

ужин

ညစာ

билет

လက်မှတ်

лифт

ဓာတ်လှေကား

почтовая марка

တံဆိပ်ခေါင်း

граница

နယ်စပ်

таможня

အခွန်များ

посольство

သံရုံး

виза

ဗီဇာ

паспорт

နိုင်ငံကူးလက်မှတ်

транспорт

သယ်ယူပို့ဆောင်ရေး

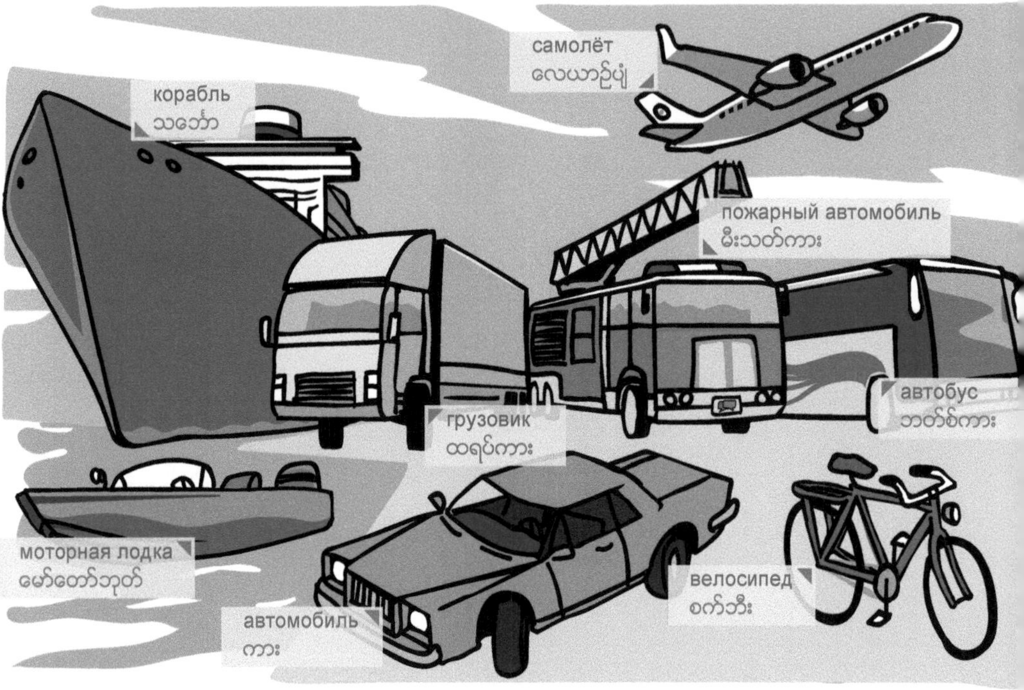

самолёт
လေယာဉ်ပျံ
корабль
သင်္ဘော
пожарный автомобиль
မီးသတ်ကား
автобус
ဘတ်စ်ကား
грузовик
ထရပ်ကား
моторная лодка
မော်တော်ဘုတ်
велосипед
စက်ဘီး
автомобиль
ကား

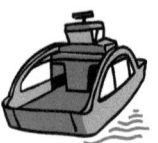

паром

ဖယ်ရီသင်္ဘော

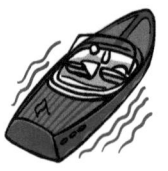

лодка

လှေ

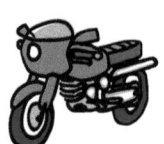

мотоцикл

မော်တော်ဆိုက်ကယ်

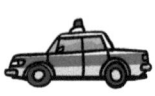

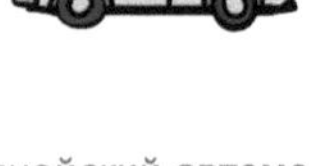

полицейский автомобиль

ရဲကား

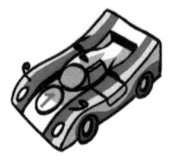

гоночный автомобиль

ပြိုင်ကား

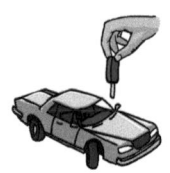

арендованный автомобиль

စင်းလုံးငှားကား

совместное пользование
автомобилями

ကားဝေမျှသုံးစွဲခြင်း

буксировочный
автомобиль

ပျက်နေသော ထရပ်ကား

мусоровоз

အမှိုက်သယ်ယာဉ်

двигатель

မော်တာ

топливо

လောင်စာ

заправка

ဒက်ဆီဆိုင်

дорожный знак

လမ်းကြောပြ ဆိုင်းဘုတ်

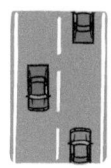

движение

ယာဉ်အသွားအလာ

пробка

လမ်းကြောပိတ်ဆို့မှု

автостоянка

ကားရပ်နားရာနေရာ

вокзал

ရထားဘူတာရုံ

рельсы

လမ်းကြောင်းများ

поезд

ရထား

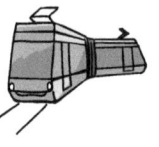

трамвай

ဒက်ရထား

вагон

ရထားလုံး

вертолёт

ဟယ်လီကော်ပီတာ

аэропорт

လေဆိပ်

вышка

တာဝါ

пассажир

ခရီးသည်

контейнер

ထည့်စရာပုံး

коробка

ကတ်ထူပုံး

тележка

လှည်း

корзина

ခြင်း

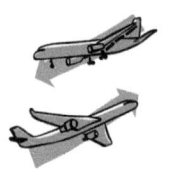

взлетать / приземляться

ထွက်စွာ / ဆိုက်ရောက်

город

မြို့တော်

деревня

ကျေးရွာ

центр города

မြို့လယ်ခေါင်

дом

အိမ်

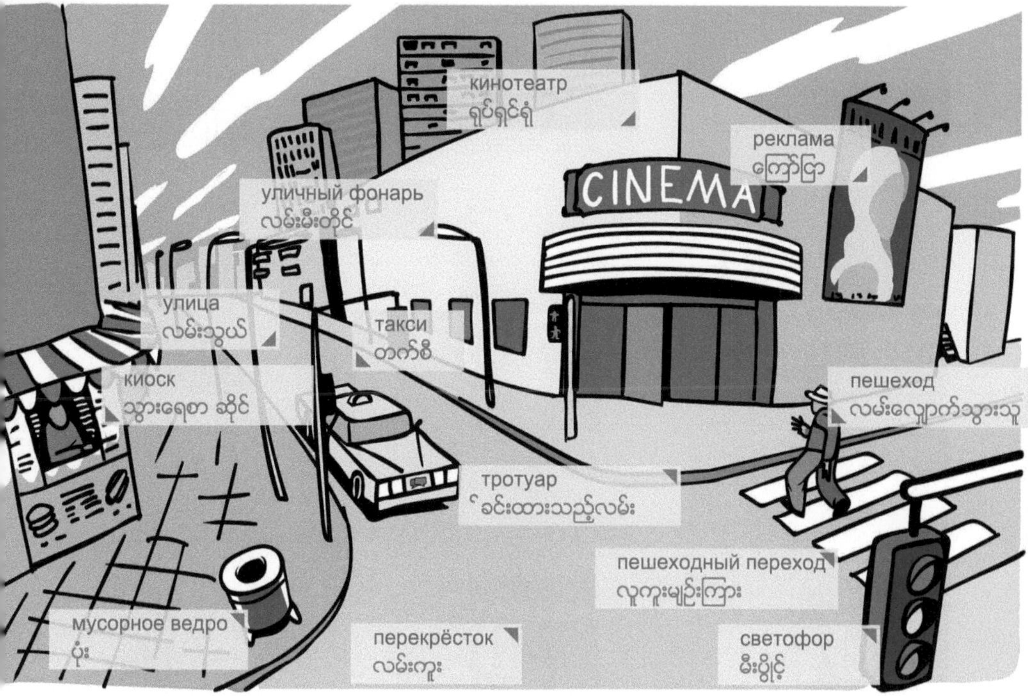
кинотеатр
ရုပ်ရှင်ရုံ
CINEMA
реклама
ကြော်ငြာ
уличный фонарь
လမ်းမီးတိုင်
улица
လမ်းသွယ်
такси
တက်စီ
киоск
သွားရေစာ ဆိုင်
пешеход
လမ်းလျှောက်သွားသူ
тротуар
ခင်းထားသည့်လမ်း
пешеходный переход
လူကူးမျဉ်းကြား
мусорное ведро
ပုံး
перекрёсток
လမ်းကူး
светофор
မီးပွိုင့်

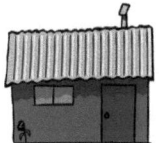

хижина

တဲအိမ်

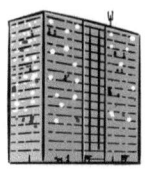

квартира

နေအိမ်ခန်း

вокзал

ရထားဘူတာရုံ

ратуша

မြို့တော်ခန်းမ

MUSEUM

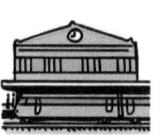

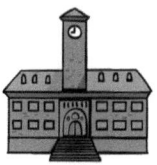

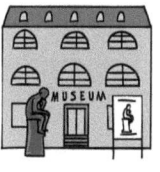

музей

ပြတိုက်

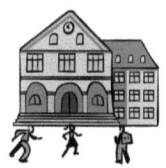

школа

ကျောင်း

университет

တက္ကသိုလ်

банк

ဘဏ်

больница

ဆေးရုံ

гостиница

ဟိုတယ်

аптека

ဆေးဆိုင်

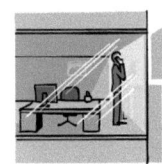

офис

ရုံးခန်း

книжный магазин

စာအုပ်ဆိုင်

магазин

ဆိုင်

цветочный магазин

ပန်းရောင်းသူ၏

супермаркет

စူပါမားကတ်

рынок

ဈေး

универмаг

ပစ္စည်းမျိုးစုံရောင်းသည့်
စတိုးဆိုင်ကြီး

торговец рыбой

ငါးရောင်းသူ၏

торговый центр

ဈေးဝယ်စင်တာ

порт

သင်္ဘောဆိပ်

парк

အနားယူပန်းခြံ

скамейка

ထိုင်ခုံတန်း

мост

တံတား

лестница

လှေကားထစ်များ

метро

မြေအောက်

тоннель

ဥမင်လှိုင်ခေါင်း

автобусная остановка

ဘတ်စ်ကားမှတ်တိုင်

бар

ဘား

ресторан

စားသောက်ဆိုင်

почтовый ящик

စာတိုက်သေတ္တာ

табличка с названием
улицы

လမ်းဆိုင်းဘုတ်

паркометр

ကားရပ်နားခ ကောက်ခံသည့်
မီတာ

зоопарк

တိရိစ္ဆာန်ရုံ

бассейн

ရေကူးကန်

мечеть

ဗလီ

ферма
လယ်ယာ

загрязнение окружающей
среды
ညစ်ညမ်းမှု

кладбище
သချိုင်းကုန်း

церковь
ဘုရားရှိခိုးကျောင်း

детская площадка
ကစားကွင်း

храм
ဘုရားကျောင်း

ландшафт
ရှုခင်း

лист
သစ်ရွက်

дорожный указатель
ဆိုင်းဘုတ်

дорога
လမ်း

луг
မြက်ခင်း

камень
ကျောက်တုံး

дерево
သစ်ပင်

путешественник
တောင်တက်သမား

река
မြစ်

трава
မြက်

цветок
ပန်း

долина

တောင်ကြား

гора

တောင်ကုန်း

озеро

ရေကန်

лес

သစ်တော

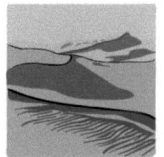

пустыня

သဲကန္တာရ

вулкан

မီးတောင်

замок

ရဲတိုက်

радуга

သက်တန့်

гриб

မှို

пальма

ထန်းပင်

комар

ခြင်

муха

ပျံသန်းသည်

муравей

ပုရွက်ဆိတ်

пчела

ပျား

паук

ပင့်ကူ

ландшафт - ရှုခင်း 15

жук

ပိုးတောင်မာ

лягушка

ဖား

белка

ရှဉ့်

еж

ဖြူကောင်

заяц

ယုန်

сова

ဇီးကွက်

птица

ငှက်

лебедь

ငန်း

кабан

တောဝက်

олень

သမင်

лось

ချိုပြားဒရယ်

плотина

ဆည်

ветряной генератор

လေအားသုံး
လျှပ်စစ်ဓာတ်အားပေးစက်

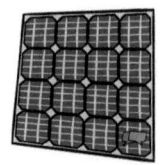

солнечная батарея

နေရောင်ခြည်ခံပြား

климат

ရာသီဥတု

ресторан
စားသောက်ဆိုင်

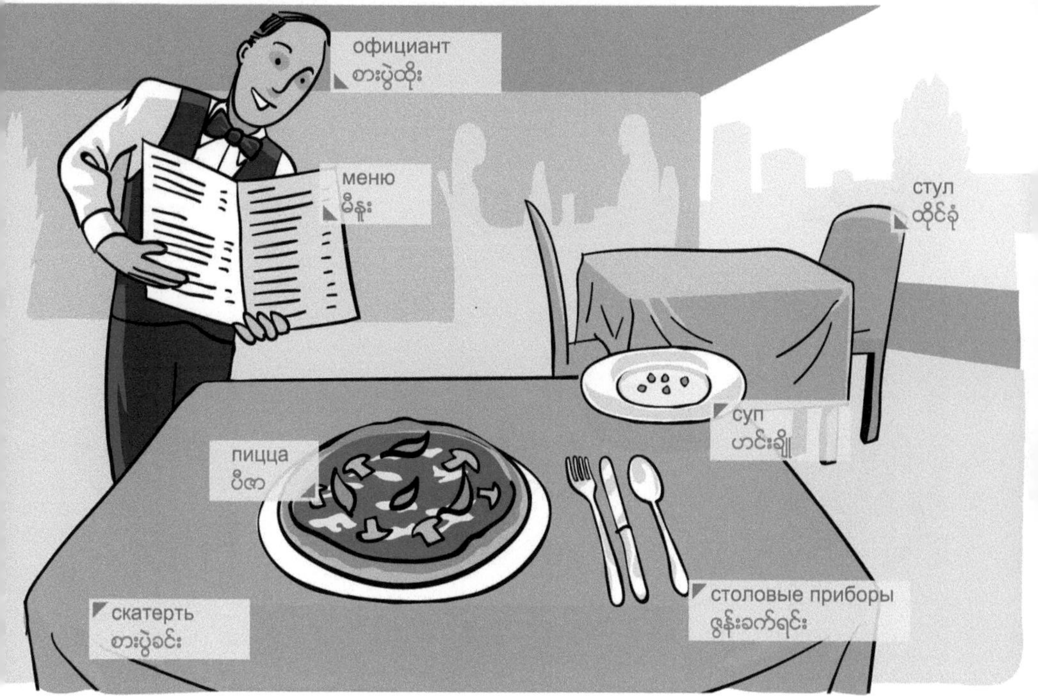

официант
စားပွဲထိုး
меню
မီနူး
стул
ထိုင်ခုံ
суп
ဟင်းချို
пицца
ပီဇာ
скатерть
စားပွဲခင်း
столовые приборы
ဇွန်းခက်ရင်း

закуска

ပထမဆုံး စားသည့် အစာ

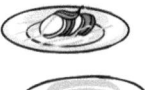

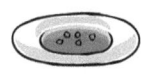

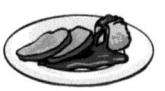

главное блюдо

ပင်မ အစာ

десерт

အချိုပွဲ

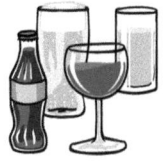

напитки

သောက်စရာများ

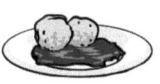

еда

အစားအစာ

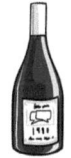

бутылка

ပုလင်း

фастфуд

အသင့်ပြင်ပြီးသား အစားအစာ

уличная еда

လမ်းဘေးအစားအစာ

чайник

လက်ဖက်ရည်အိုး သို့မဟုတ်
ရေနွေးကြမ်းအိုး

сахарница

သကြားအိုး

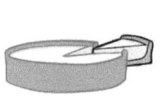

порция

တစ်ယောက်စာ

кофеварка

အက်စက်ပရက်ဆို ကော်ဖီစက်

детский стульчик

ထိုင်ခုံအမြင့်

счет

ငွေတောင်းခံလွှာ

поднос

ပန်း

нож

ဓါး

вилка

ခက်ရင်း

ложка

ဇွန်း

чайная ложка

လက်ဖက်ရည်ဇွန်း

салфетка

လက်သုတ်ပုဝါ

стакан

ရေသောက်ဖန်ခွက်

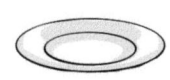

тарелка

ပန်းကန်ပြား

суповая тарелка

ဟင်းချိုပန်းကန်ပြား

блюдце

ပန်းကန်ပြား

соус

ဆော့စ်

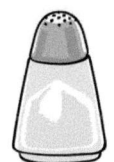

солонка

ဆားအိုး

мельница для перца

ငရုတ်ကောင်း ချေစက်

уксус

ရှာလကာရည်

масло

ဆီ

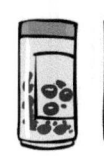

специи

ဟင်းခတ်အမွှေးအကြိုင်

кетчуп

ခရမ်းချဉ်သီးဆော့စ်

горчица

မုန်ညင်းဆီဆော့စ်

майонез

မယွိုးနိစ်

супермаркет
စူပါမားကတ်

специальное предложение
အထူးကမ်းလှမ်းချက်
FOR
покупатель
ဖောက်သည် သို့မဟုတ် ဈေးဝယ်သူ
молочные продукты
နို့ထွက်ပစ္စည်း
фрукты
သစ်သီး
тележка для покупок
ထရော်လီလှည်း

BUTCHERS

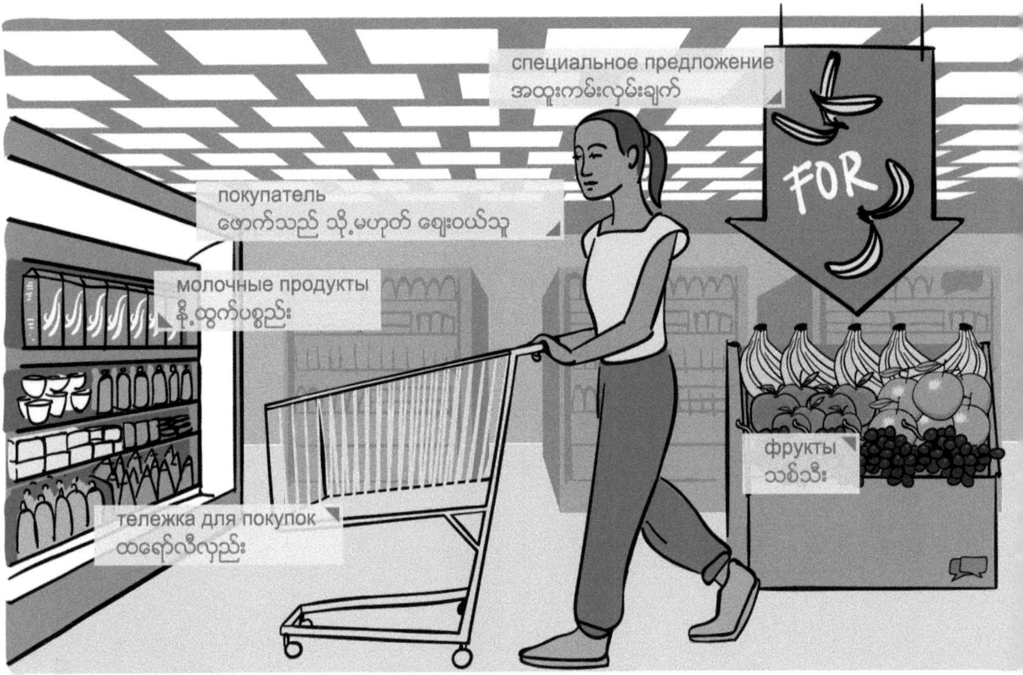

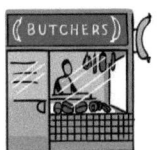

мясной магазин

သားသတ်သမား၏

BAKERY

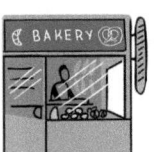

пекарня

မုန့်ဖုတ်သမား၏

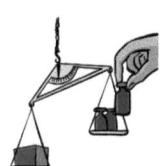

взвешивать

အလေးချိန်သည်

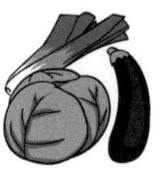

овощи

ဟင်းသီးဟင်းရွက်

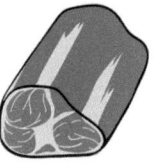

мясо

အသား

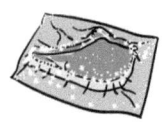

быстрозамороженные продукты

အေးခဲထားသည့် အစားအစာ

нарезка

ပြင်ဆင်ထားသော အသားအေး

консервы

သံဗူးသွပ် အစားအစာ

стиральный порошок

ဆပ်ပြာမှုန့်

сладости

သကြားလုံးများ

предмет домашнего обихода

အိမ်သုံး ပစ္စည်းများ

моющее средство

သန့်ရှင်းရေး ပစ္စည်းများ

продавщица

ဈေးရောင်းသူ

касса

အထိ

кассир

ငွေကိုင်

список покупок

ဈေးဝယ်စာရင်း

время работы

ဖွင့်ချိန်နာရီများ

бумажник

အိတ်ဆောင် ပိုက်ဆံအိတ်

кредитная карточка

အကြွေးဝယ်ကတ်

сумка

အိတ်

полиэтиленовый пакет

ပလတ်စတစ်အိတ်

x

супермаркет - စူပါမားကတ်

21

вода

ရေ

сок

သစ်သီးဖျော်ရည်

молоко

နွားနို့

кока-кола

ကိုကာကိုလာ

вино

ဝိုင်

пиво

ဘီယာ

алкоголь

အရက်

какао

ကိုကိုးမှုန့်

чай

လက်ဖက်ရည် သို့မဟုတ်
ရေနွေးကြမ်း

кофе

ကော်ဖီ

эспрессо

အက်စ်ပရက်ဆို ကော်ဖီ

капучино

ကပူချီနိုကော်ဖီ

банан

ငှက်ပျောသီး

яблоко

ပန်းသီး

апельсин

လိမ္မော်သီး

арбуз

ဖရဲသီးမျိုးဝင်

лимон

သံပုယိုသီး

морковь

မုန်လာဥနီ

чеснок

ကြက်သွန်ဖြူ

бамбук

မျှစ်

лук

ကြက်သွန်နီ

гриб

မှို

орехи

ပဲစေ့များ

лапша

ခေါက်ဆွဲ

спагетти

စပါဂတီ ခေါ် အီတလီ ခေါက်ဆွဲ

рис

ထမင်း

салат

ဆလပ်ရွက်သုတ်

картофель фри

အကြွပ်ကြော်များ

жареный картофель

အာလူးကြော်

пицца

ပီဇာ

гамбургер

ဟမ်ဘာဂါ

сэндвич

အသားညှပ်ပေါင်မုန့်

шницель

ကတ်တလိပ်

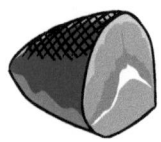

ветчина

ဝက်ပေါင်ခြောက်

салями

ဆလာမီ

колбаса

ဝက်အူချောင်း

курица

ကြက်သား

жаркое

ရှို့စ်လုပ်ခြင်း

рыба

ငါး

овсяные хлопья

ကွေ့ကာအုတ်

мюсли

မျူးစလီ

кукурузные хлопья

ပြောင်းစေ့ပြား

мука

ဂျုံမှုန့်

круассан

ခရာဆွန်း ခေါ်
ပြင်သစ်ပေါင်မုန့်တစ်မျိုး

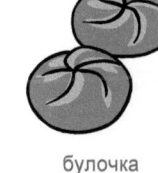

булочка

ပေါင်မုန့်လိပ်

хлеб

ပေါင်မုန့်

тост

ပေါင်မုန့် မီးကင်

печенье

ဘီစကစ်

масло

ထောပတ်

творог

ဒိန်ခဲ

пирог

ကိတ်မုန့်

яйцо

ဥ

яичница

ဥကြော်

сыр

ချိစ်

мороженое

ရေခဲမုန့်

сахар

သကြား

мёд

ပျားရည်

мармелад

ယို

крем с нугой

ယိုသုတ်စားသည့် ချောကလက်

карри

ဟင်း

ферма
လယ်ယာ

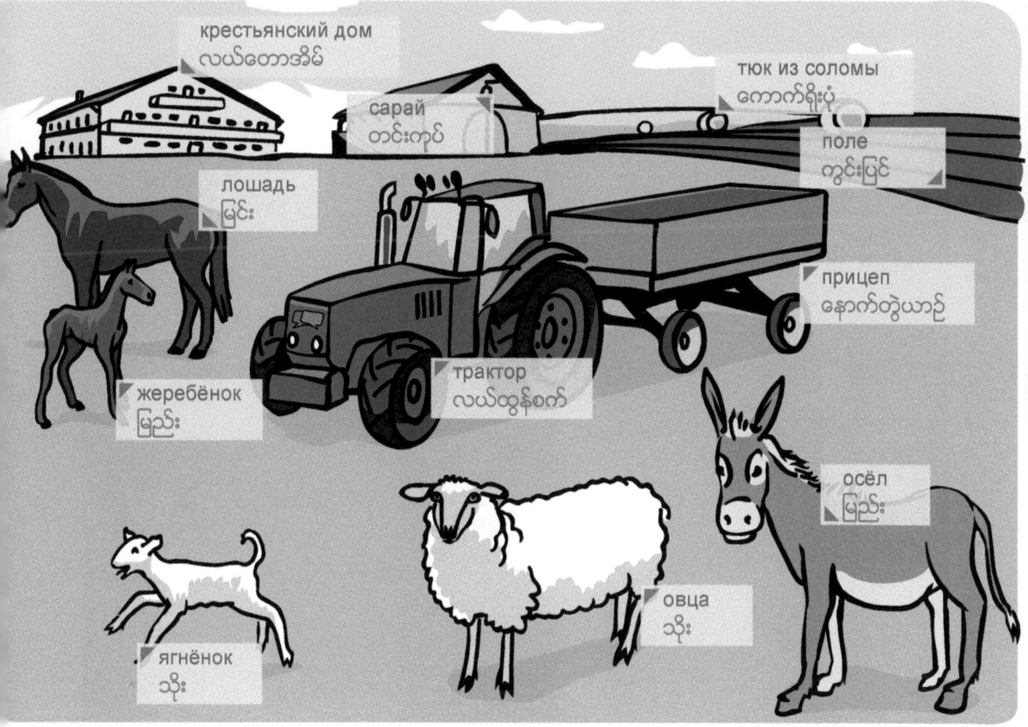
крестьянский дом
လယ်တောအိမ်
тюк из соломы
ကောက်ရိုးပုံ
сарай
တင်းကုပ်
поле
ကွင်းပြင်
лошадь
မြင်း
прицеп
နောက်တွဲယာဉ်
трактор
လယ်ထွန်စက်
жеребёнок
မြည်း
осёл
မြည်း
овца
သိုး
ягнёнок
သိုး

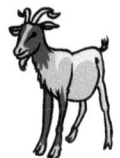

коза
ဆိတ်

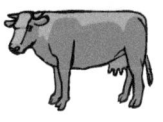

корова
နွားမ

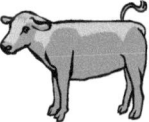

телёнок
နွားလေး

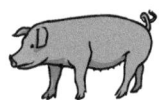

свинья
ဝက်

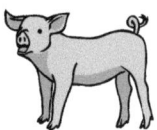

поросёнок
ဝက်ကလေး

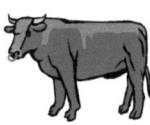

бык
နွားထီး

гусь

ဘဲငန်း

утка

ဘဲ

цыплёнок

ကြက်ပေါက်ကလေး

курица

ကြက်မ

петух

ကြက်ဖ

крыса

ကြွက်

кошка

ကြောင်

мышь

ကြွက်ကလေး

вол

နွားထီး

собака

ခွေး

конура

ခွေးအိမ်

садовый шланг

ပန်းခြံရေပိုက်

лейка

ရေလောင်းသည့်ခွက်

коса

တံစဉ်အပြားကြီး

плуг

ထယ်

серп

တံစဉ်

мотыга

ပေါက်ပြား

навозные вилы

ကောက်ဆွ

топор

ပေါက်ချွန်း

тачка

ဘီးတပ် လက်တွန်းလှည်း

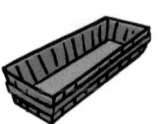

корыто

စားခွက်

бидон для молока

နို့ဘူး

мешок

အိတ်

забор

ခြံစည်းရိုး

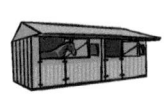

хлев

မြင်းဇောင်း

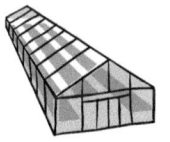

теплица

မှန်လုံအိမ်

почва

မြေကြီး

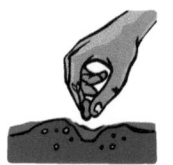

посев

အစေ့

удобрение

မြေသြဇာ

комбайн

စုပေါင်း ရိတ်သိမ်းသူ

собирать урожай

ရိတ်သိမ်းသည်

урожай

ရိတ်သိမ်းသည်

ямс

ပီလောပီနံ

пшеница

ဂျုံ

соя

ပဲပုပ်

картофель

အာလူး

кукуруза

ပြောင်း

рапс

နံစားပြောင်းဆီ

фруктовое дерево

အသီးပင်

маниок

ပီလောပီနံ

злаки

စီရီရယ် ခေါ် နံနက်စာတစ်မျိုး

дом
အိမ်

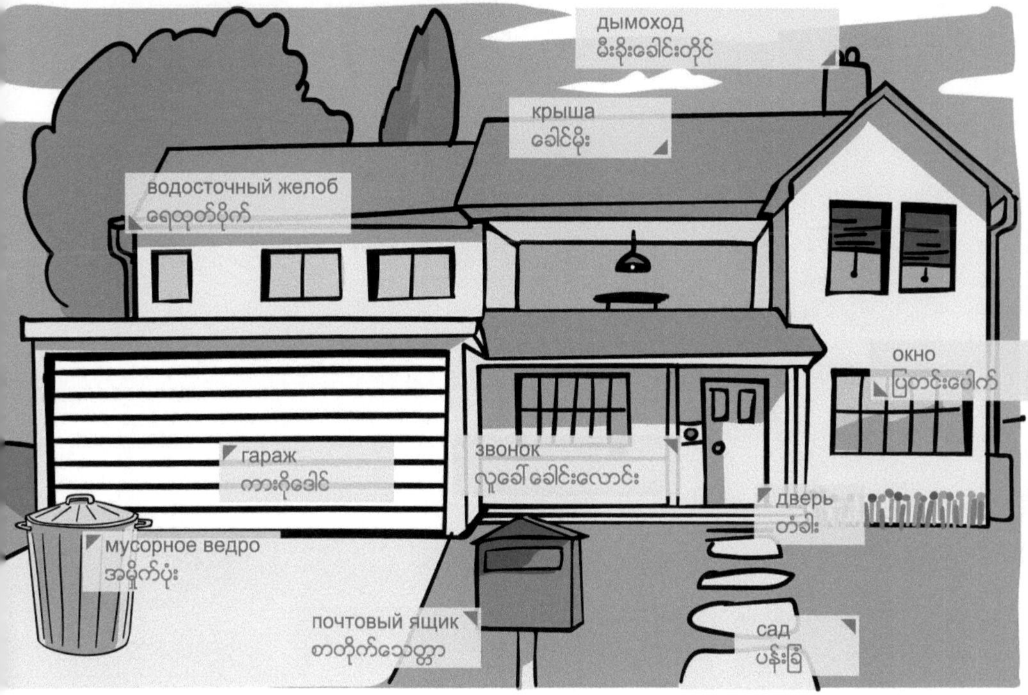

дымоход
မီးခိုးခေါင်းတိုင်
крыша
ခေါင်မိုး
водосточный желоб
ရေထုတ်ပိုက်
окно
ပြတင်းပေါက်
гараж
ကားဂိုဒေါင်
звонок
လူခေါ်ခေါင်းလောင်း
дверь
တံခါး
мусорное ведро
အမှိုက်ပုံး
почтовый ящик
စာတိုက်သေတ္တာ
сад
ပန်းခြံ

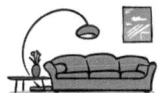

гостиная

ဧည့်ခန်း

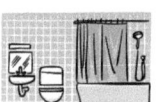

ванная комната

ရေချိုးခန်း

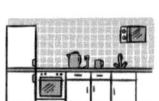

кухня

မီးဖိုချောင်

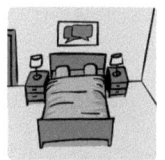

спальня

အိပ်ခန်း

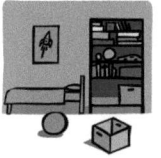

детская комната

ကလေး အခန်း

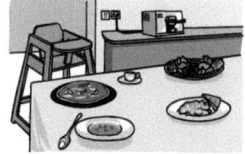

столовая

ထမင်းစားခန်း

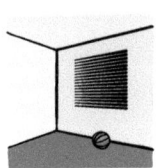

пол

ကြမ်းပြင်

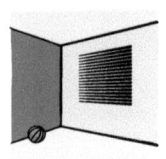

стена

နံရံ

потолок

မျက်နှာကြက်

подвал

မြေအောက်ခန်း

сауна

ချွေးထုတ်ခန်း

балкон

ဝရန်တာ

терраса

ဝရန်တာ

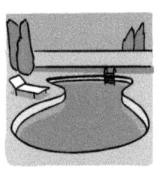

бассейн

ရေကူးကန်

газонокосилка

မြက်ရိတ်စက်

пододеяльник

အချပ်

покрывало

အိပ်ယာခင်း

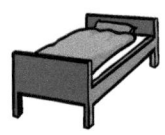

кровать

အိပ်ယာ

метла

တံမြက်စည်း

ведро

ရေပုံး

выключатель

မီးခလုတ်

гостиная
ဧည့်ခန်း

обои
နံရံကပ်စက္ကူ
рисунок
ဓာတ်ပုံ
лампа
စားပွဲတင် မီးအိမ်
полка
စင်
шкаф
နံရံကပ် ဗီရို
телевизор
တယ်လီဗွီးရှင်း
камин
မီးလင်းဖို
цветок
ပန်း
подушка
ကူရှင်
диван
ဆိုဖာ
ваза
ပန်းအိုး
пульт дистанционного управления
အဝေးထိန်း ကိရိယာ

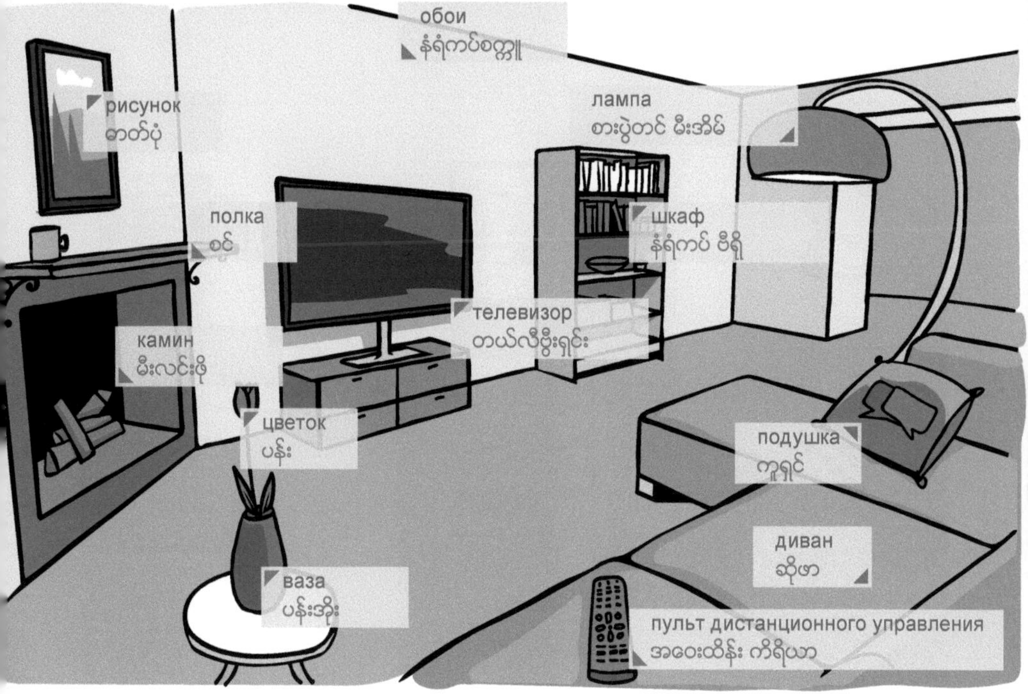

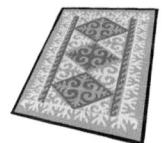

ковёр

ကော်ဇော

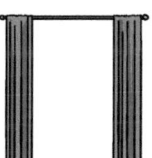

штора

ကန့်လန့်ကာ

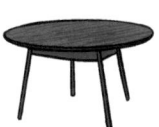

стол

စားပွဲခုံ သို့မဟုတ် ဇယား

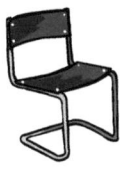

стул

ထိုင်ခုံ

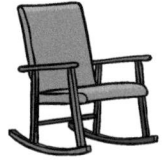

кресло-качалка

ရှေ့နောက် ယိမ်းနိုင်သည့် ထိုင်ခုံ

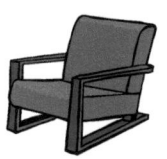

кресло

လက်တင်ထိုင်ခုံ

книга

စာအုပ်

покрывало

စောင်

украшение

အပြင်အဆင်

дрова

ထင်း

фильм

ဖလင် သို့မဟုတ် ရုပ်ရှင်

стереосистема

ဟိုင်ဖိုင် ကိရိယာ

ключ

သော့

газета

သတင်းစာ

картина

ပန်းချီကား

плакат

ပိုစတာ

радио

ရေဒီယို

блокнот

မှတ်စုစာရွက်အုပ်

пылесос

ဖုံစုပ်စက်

кактус

ရှားစောင်းပင်

свеча

ဖယောင်းတိုင်

кухня
မီးဖိုချောင်

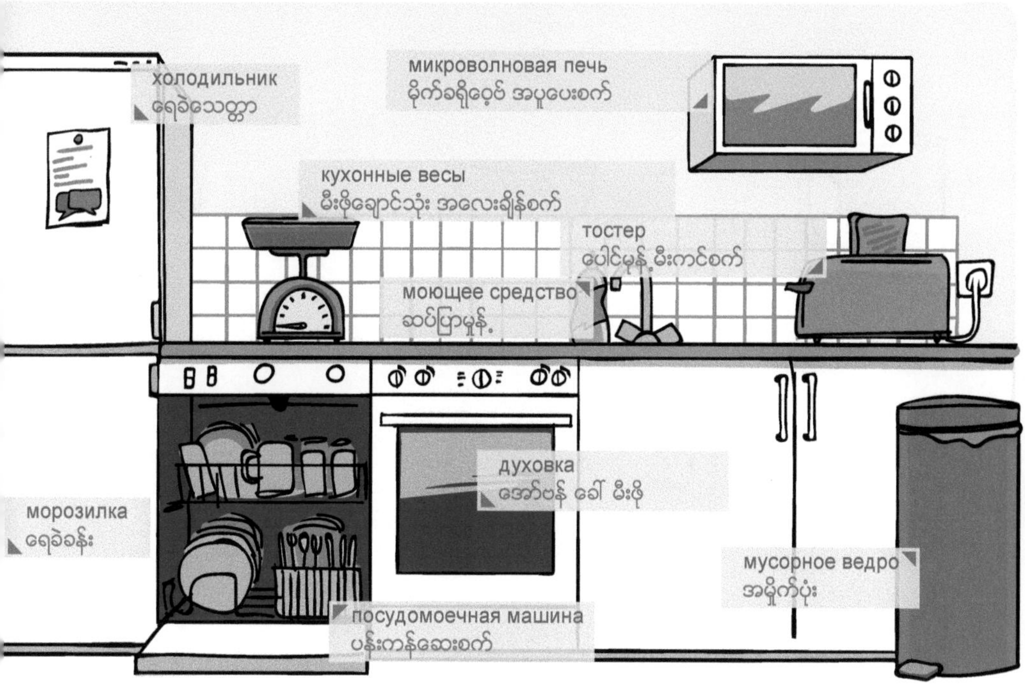
холодильник
ရေခဲသေတ္တာ
микроволновая печь
မိုက်ခရိုဝေ့ဗ် အပူပေးစက်
кухонные весы
မီးဖိုချောင်သုံး အလေးချိန်စက်
тостер
ပေါင်မုန့် မီးကင်စက်
моющее средство
ဆပ်ပြာမှုန့်
духовка
အော်ဗန် ခေါ် မီးဖို
морозилка
ရေခဲခန်း
мусорное ведро
အမှိုက်ပုံး
посудомоечная машина
ပန်းကန်ဆေးစက်

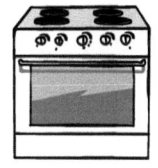

плита
လျှပ်စစ် ချက်ပြုတ်အိုး

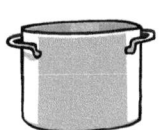

кастрюля
အိုး

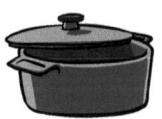

чугунный котелок
သံအိုးကြီး

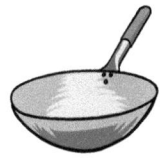

вок / кадай
မွှေကြော်သည့် ဒယ်အိုးကြီး / ကာဒိုင်း

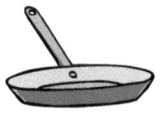

сковорода
ဒယ်အိုး

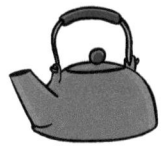

чайник
ရေနွေးတည်သည့်အိုး

пароварка

ပေါင်းစက်

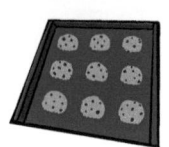

противень

မုန့်ဖုတ်သည့် ပန်း

посуда

ကြွေပန်းကန်ပြား ခွက်ယောက်

кружка

မတ်ခွက်

миска

ဇလုံပန်းကန်

палочки для еды

အစားစားသည့်တူများ

половник

ယောက်ချို

лопатка

မွှေသည့်အတ်

сбивалка

ခေါက်တံ

сито

စစ်သည့် အရာ

сито

စကာ

тёрка

ခြစ်သည့်ကိရိယာ

ступка

ကျြုပ်ဆုံ

гриль

ဘာဘီကျူးကင်

костёр

ထင်းမီးဖို

доска

စင်းနီးတုံး

скалка

လည်နေသောပင်

штопор

ဖော့ဆို့

жестяная банка

သံဗူး

консервный нож

သံဗူးဖောက်တံ

прихватка

အိုးတင်သည့်အရာ

раковина

ရေဆေးသည့် နေရာ

щетка

စုပ်တံ

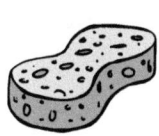

губка

ရေမြှုပ်

миксер

မွှေသည့်စက်

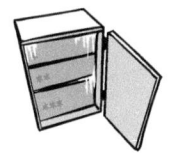

морозильная камера

အေးခဲသည့် ရေခဲခန်း

бутылочка для кормления

ကလေးနို့ဗူး

кран

ရေပိုက်ခေါင်း

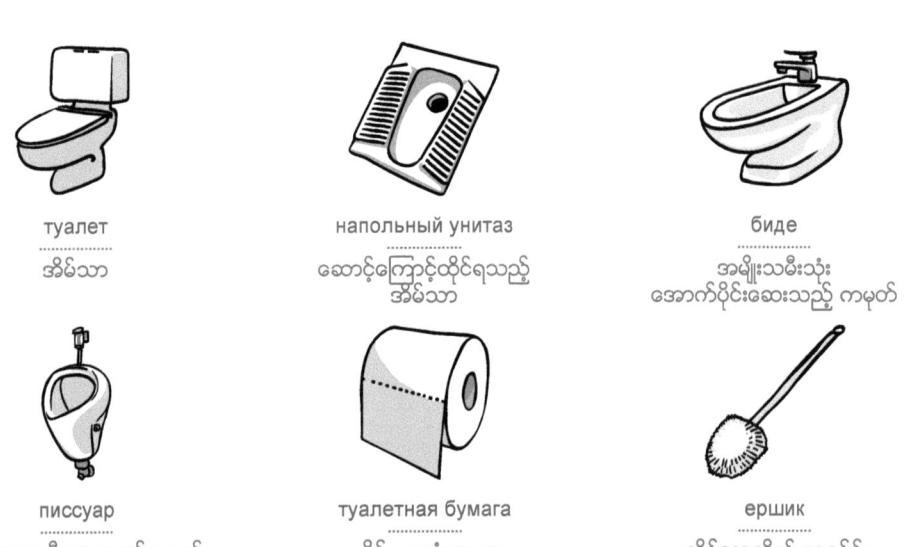

ванная комната
ရေချိုးခန်း

душ
ရေပန်း
отопление
အပူပေးခြင်း
полотенце
မျက်နှာသုတ်ပုဝါ
душевая занавеска
ရေချိုးခန်းကန့်လန့်ကာ
пенистая ванна
ရေစိမ်ချိုးရန် ရေမြှုပ်ဆပ်ပြာရည်
ванна
ရေစိမ်ချိုးသည့်ကန်
стакан
ရေသောက်ဖန်ခွက်
стиральная машина
အဝတ်လျှော်စက်
кран
ရေပိုက်ခေါင်း
плитка
ကျောက်ပြားများ
горшок
အပေါ့အလေး စွန့်သည့်အိုး
раковина
ရေဆေးသည့် နေရာ

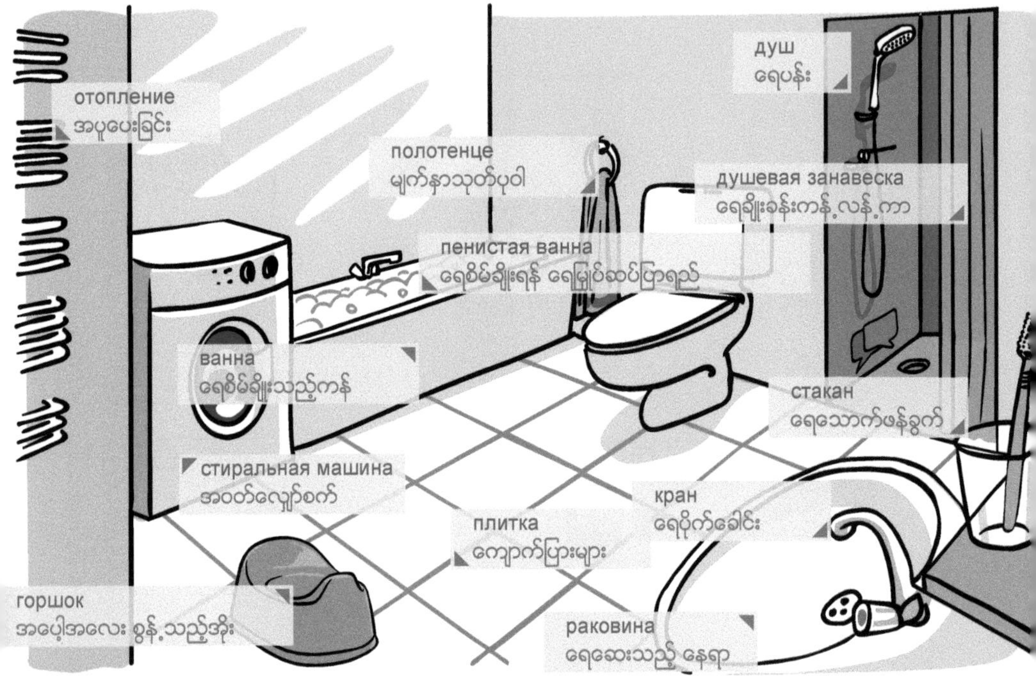

туалет

အိမ်သာ

напольный унитаз

ဆောင့်ကြောင့်ထိုင်ရသည့် အိမ်သာ

биде

အမျိုးသမီးသုံး အောက်ပိုင်းဆေးသည့် ကမုတ်

писсуар

အမျိုးသား ဆီးသွားသည့်ကမုတ်

туалетная бумага

အိမ်သာသုံး စက္ကူ

ершик

အိမ်သာတိုက် ဘရပ်ရှ်

зубная щетка

သွားတိုက်တံ

зубная паста

သွားတိုက်ဆေး

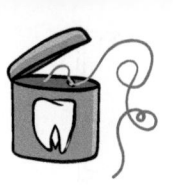

зубная нить

သွား ချေးထုတ်သည့် ကြိုး

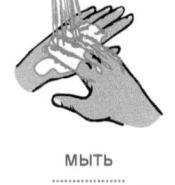

мыть

ဆေးကြောသည်

ручной душ

လက်ကိုင် ရေပန်း

интимный душ

ရေပန်းဖြင့်ရေချိုးခြင်း

таз

ရေအင်တုံ

щетка для спины

နောက်ကျော ချေးတွန်းသည့်
ဘရပ်ရှ်

мыло

ဆပ်ပြာ

гель для душа

ရေချိုးဆပ်ပြာရည်

шампунь

ခေါင်းလျှော်ရည်

мочалка

ဖလန်နယ်စ

сток

ရေထွက်ပေါက်

крем

ခရင်မ်

дезодорант

ဒီအော်ဒရန့် ခေါ်
ကိုယ်လိမ်းအမွှေးနံ့ သာ

зеркало

မှန်

ручное зеркало

လက်ကိုင်မှန်

бритва

မုတ်ဆိတ်ရိတ်တံ

пена для бритья

မုတ်ဆိတ်ရိတ်ရန် အမြုပ်

лосьон после бритья

မုတ်ဆိတ်ရိတ်ပြီး
လိမ်းသည့်အမွေးနံ့သာ

расческа

ခေါင်းဘီး

щетка

ဘရပ်ရှ်

фен

ဆံပင်ခြောက်စက်

лак для волос

ဆံပင်ဖြန်းဆေး

косметика

မိတ်ကပ်

губная помада

နှုတ်ခမ်းဆိုးဆေး

лак для ногтей

လက်သည်းဆိုးဆေး

вата

ဝွမ်းလုံး

маникюрные ножницы

လက်သည်းညှပ် ကပ်ကြေး

духи

ရေမွှေး

косметичка

ရေချိုးခန်းသုံး အိတ်

табуретка

ခွေးခြေ

весы

ကိုယ်အလေးချိန်တိုင်းသည့်စက်

халат

ရေချိုးပြီး ဝတ်သည့်ဝတ်ရုံ

резиновые перчатки

ရာဘာ လက်အိတ်များ

тампон

တန်ပွန် ခေါ် ဓမ္မတာလာစဉ် မိန်း
မကိုယ်တွင်းထည့်သည့်အရာ

гигиеническая прокладка

အမျိုးသမီး လစဉ်သုံးပုဝါစ

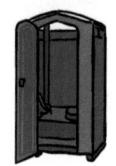

биотуалет

ဓာတုပစ္စည်းထည့်သုံးသည့်
အိမ်သာ

детская комната

ကလေး အခန်း

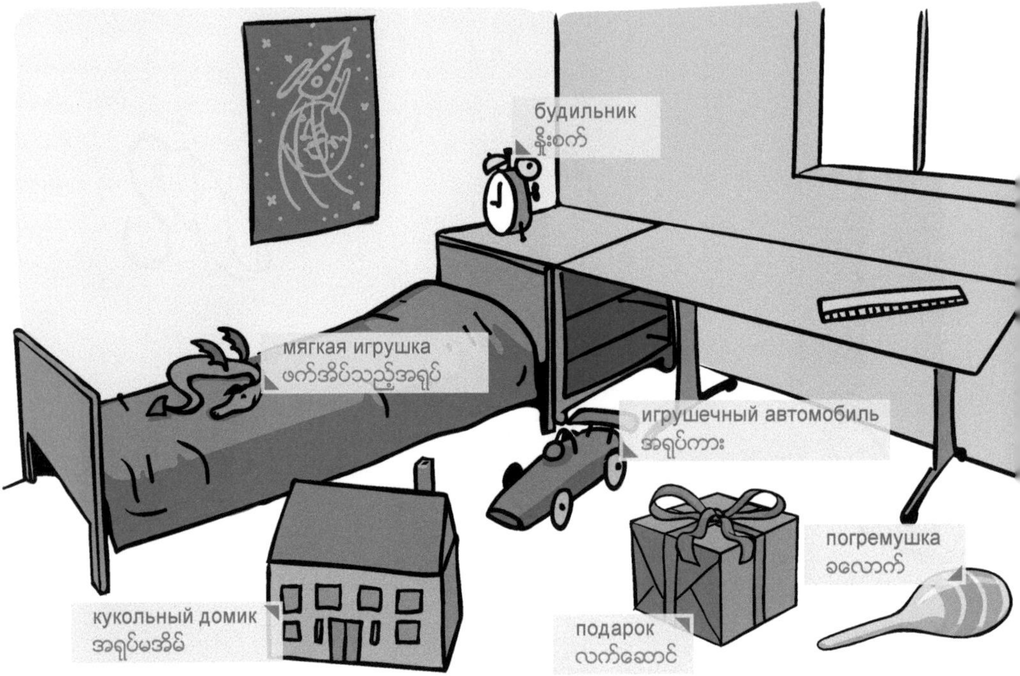

будильник
နှိုးစက်
мягкая игрушка
ဖက်အိပ်သည့်အရုပ်
игрушечный автомобиль
အရုပ်ကား
погремушка
ခလောက်
кукольный домик
အရုပ်မအိမ်
подарок
လက်ဆောင်

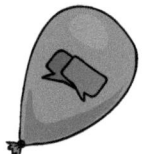

воздушный шар

ပူဖောင်း

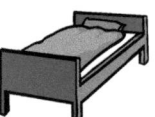

кровать

အိပ်ယာ

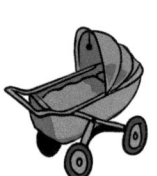

детская коляска

ကလေးတွန်းလှည်း

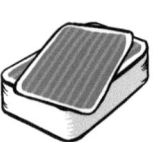

карточная игра

ကစားသည့်ကတ်ထုပ်

пазл

ဂျစ်ဆော ခေါ်
ဆက်၍ကစားသည့်
အပိုင်းအစများ

SUPER
MEGA

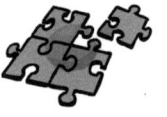

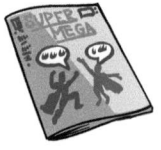

комикс

ရုပ်ပြစာအုပ်

кирпичики Лего
....
ဆောက်ရွှက်ကစားသည့် လေဂို
အတုံးများ

кубики
....
ဆောက်ရွှက်ကစားသည့်
အတုံးများ

игрушечная фигурка
....
လှုပ်ရှားလုပ်ကိုင်သူ

ползунки
....
ဘောဘီဂရိုး

фрисби
....
ဖရစ်ဘီး ခေါ် ပစ်၍ ကစားသည့်
အပြား

мобиле
....
ရွေ့လျားနိုင်သော

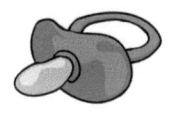

настольная игра
....
ဘုတ်ပြားပေါ်တွင် ကစားနည်း

кубик
....
အံစာတုံး

модель железной дороги
....
ကစားစရာ ရထား အစုံမော်ဒယ်

соска
....
အရုပ်

вечеринка
....
ပါတီ

книга с картинками
....
ရုပ်ပြစာအုပ်

мяч
....
ဘောလုံး

кукла
....
အရုပ်မ

играть
....
ကစားသည်

песочница

ကစားသည့် သဲပုံး

качели

ဒန်း

игрушка

အရုပ်များ

игровая приставка

ဗွီဒီယိုဂိမ်းကစားသည့် စက်

трёхколесный велосипед

သုံးဘီး စက်ဘီး

плюшевый медвежонок

တက်ဒီ ဝက်ဝံရုပ်

шкаф для одежды

အဝတ်ဗီရို

одежда

အဝတ်အစား

носки

ခြေအိတ်များ

чулки

အမျိုးသမီးဝတ် ခြေအိတ်ရှည်

колготки

အမျိုးသမီး ခြေအိတ်အကြပ်

шарф
ပုဝါ

зонтик
ထီး

ремень
ခါးပတ်

футболка
တီရှပ်

кроссовки
အားကစားဖိနပ်များ

сапоги
ဘွတ်ဖိနပ်များ

тапки
ခြေညှပ်ဖိနပ်များ

сандалии

ခြေစွပ် နောက်ပိတ်ဖိနပ်

ботинки

ရှူးဖိနပ်များ

резиновые сапоги

ရာဘာ ဘွတ်ဖိနပ်များ

трусы

အောက်ခံ အဝတ်များ

бюстгальтер

ဘရာဇီယာ

майка

အပေါ်ထပ် လက်ပြတ်အင်္ကျီ

боди

ကိုယ်ခန္ဓာ

брюки

ဘောင်းဘီရှည်

джинсы

ဂျင်းဘောင်းဘီ

юбка

စကပ်

блузка

ဘလောက်စ်အကျႌ

рубашка

ရှပ်အကျႌ

свитер

ခေါင်းစွပ်အကျႌ

свитер

ခေါင်းစွပ်ပါ အကျႌ

спортивная куртка

ဘလေဇာကုတ်အကျႌ

жакет

ဂျက်ကတ်အကျႌ

пальто

ကုတ်အကျႌ

плащ

မိုးကာ ကုတ်အကျႌ

костюм

ဝတ်စုံ

платье

ဂါဝန်

свадебное платье

လက်ထပ် ဝတ်စုံ

мужской костюм
အနောက်တိုင်းဝတ်စုံပြည့်

ночная сорочка
ညအိပ်အကျႌ

пижама
ညအိတ်ဝတ်စုံ

сари
ဆာရီ

платок
ခေါင်းအုပ်ပုဝါ

тюрбан
တာဘန် ခေါ် ခေါင်းပေါင်း

паранджа
ဘာကာခေါ်
အမျိုးသမီးခေါင်းအုပ်

кафтан
ကဖ်တန် ခေါ်
အမျိုးသားဝတ်ဘောင်းဘီ

абайя
အာဘယာ ခေါ် မွတ်ဆလင်
အမျိုးသမီးဝတ်အကျႌ

купальник
ရေကူးဝတ်စုံ

плавки
အဝတ်သေတ္တာ

шорты
ဘောင်းဘီတို

спортивный костюм
အားကစားဝတ်စုံ

фартук
ခါးစည်း အဝတ်

перчатки
လက်အိတ်များ

пуговица

ကြယ်သီး

очки

မျက်မှန်

браслет

လက်ကောက်

цепочка

လည်ဆွဲ

кольцо

လက်စွပ်

серьга

နားကပ်

шапка

ခေါင်းဆောင်း ဦးထုပ်

вешалка

ကုတ်အကျီ ချိတ်

шляпа

ဦးထုပ်

галстук

နက်တိုင်

застежка молния

ဇစ်

шлем

ဟဲလ်မက်ခေါ် ခေါင်းဆောင်း

подтяжки

သွားထိန်းများ

школьная форма

ကျောင်းဝတ်စုံ

форма

ယူနီဖောင်းဝတ်စုံ

детский нагрудник
သွားရည်ခံ

соска
အရုပ်

подгузник
ကလေးအနှီး

офис
ရုံးခန်း

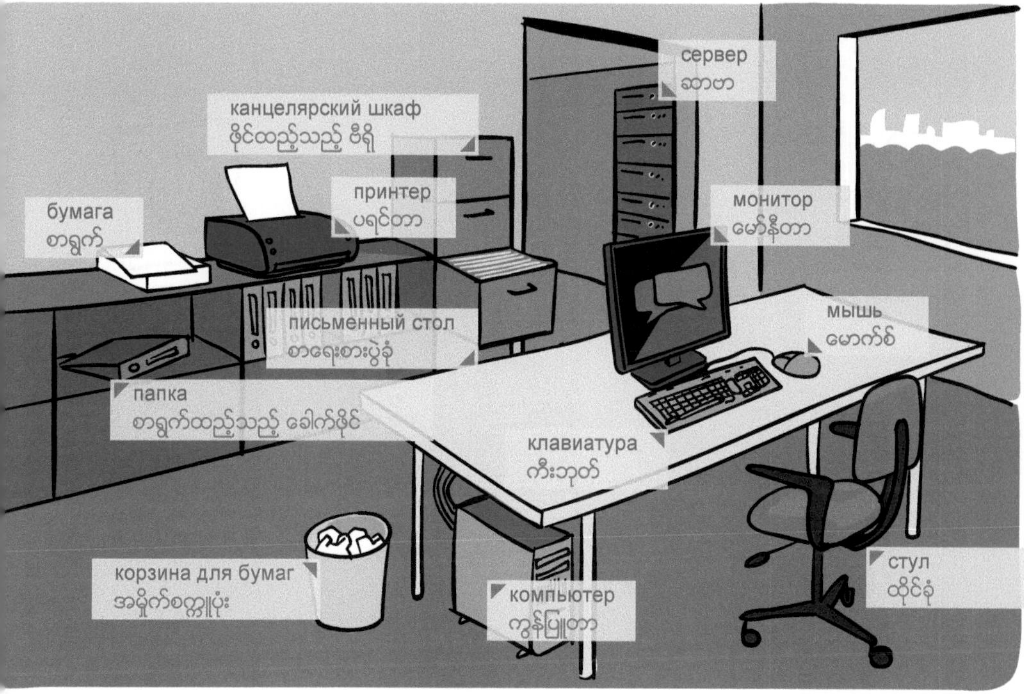

сервер
ဆာဗာ

канцелярский шкаф
ဖိုင်ထည့်သည့် ဗီရို

принтер
ပရင်တာ

монитор
မော်နီတာ

бумага
စာရွက်

письменный стол
စာရေးစားပွဲခုံ

мышь
မောက်စ်

папка
စာရွက်ထည့်သည့် ခေါက်ဖိုင်

клавиатура
ကီးဘုတ်

корзина для бумаг
အမှိုက်စက္ကူပုံး

стул
ထိုင်ခုံ

компьютер
ကွန်ပျူတာ

кофейная кружка
ကော်ဖီ မတ်ခွက်

калькулятор
ဂဏန်းတွက်စက်

интернет
အင်တာနက်

ноутбук

ပေါင်ပေါ် တင်ရိုက်နိုင်သည့် ကွန်ပျူတာ

письмо

စာ

сообщение

မက်ဆေ့ချ်

мобильный телефон

မိုဘိုင်းဖုန်း

сеть

ကွန်ရက်

ксерокс

မိတ္တူကူးစက်

программа

ဆော့ဖ်ဝဲရ်

телефон

တယ်လီဖုန်း

розетка

ပလပ်ပေါက်

факс

ဖက်စ်ပို့သည့် စက်

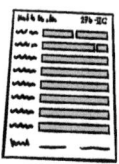

формуляр

ပုံစံ

документ

စာရွက်စာတမ်း

покупать

ဝယ်ယူသည်

платить

ပေးအပ်သည်

торговать

ကုန်သွယ်သည်

деньги

ပိုက်ဆံ

доллар

ဒေါ်လာ

евро

ယူရိုငွေ

иена

ယန်းငွေ

рубль

ရှုဘယ်ငွေ

франк

ဆွစ်ဇာလန်နိုင်ငံသုံးငွေ

жэньминьби юань

ရမ်မင်ဘီ ယွမ်

рупия

ရူပီး

банкомат

ငွေချေသည့်နေရာ

пункт обмена валюты

ငွေလဲဌာန

золото

ရွှေ

серебро

ငွေ

нефть

ဆီ

энергия

စွမ်းအင်

цена

ဈေးနှုန်း

договор

စာချုပ်

налог

အခွန်

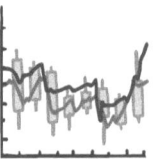

акция

စတော့ဈေးကွက်

работать

အလုပ်လုပ်သည်

служащий

ဝန်ထမ်း

работодатель

အလုပ်ရှင်

фабрика

စက်ရုံ

магазин

ဆိုင်

профессии
အလုပ်အကိုင်များ

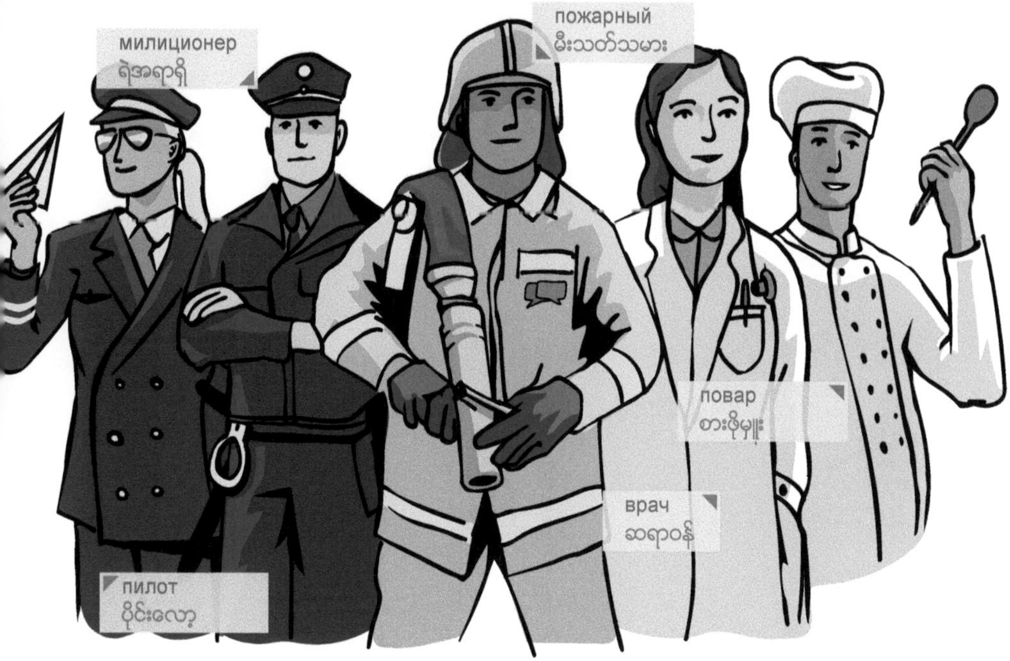
пожарный
မီးသတ်သမား
милиционер
ရဲအရာရှိ
повар
စားဖိုမှူး
врач
ဆရာဝန်
пилот
ပိုင်းလော့

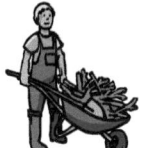

садовник

မာလီ

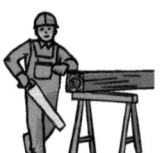

столяр

လက်သမား

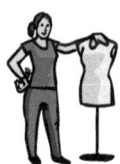

швея

စက်ချုပ်သူ

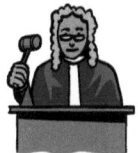

судья

တရားသူကြီး

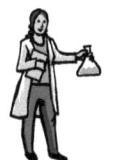

химик

ဓာတုဗေဒပညာရှင်

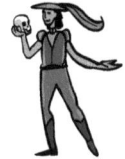

актёр

သရုပ်ဆောင်

водитель автобуса

ဘတ်စ်ကားမောင်းသမား

таксист

တက်စီမောင်းသူ

рыбак

ငါးဖမ်းသမား

уборщица

သန့်ရှင်းရေး အလုပ်သမ

кровельщик

အမိုးပြင်သူ

официант

စားပွဲထိုး

охотник

အမဲလိုက်မုဆိုး

художник

ဆေးသုတ်သမား သို့မဟုတ်
ပန်းချီဆရာ

пекарь

မုန့်ဖုတ်သမား

электрик

လျှပ်စစ်ပညာရှင်

строитель

ဆောက်လုပ်ရေးသမား

инженер

အင်ဂျင်နီယာ

мясник

သားသတ်သမား

сантехник

ပိုက်ဆက်ဆရာ

почтальон

စာပို့သမား

солдат

စစ်သား

архитектор

ဗိသုကာပညာရှင်

кассир

ငွေကိုင်

флорист

ပန်းပညာရှင်

парикмахер

ဆံပင်အလှပြင်သူ

кондуктор

လက်မှတ်စစ်

механик

စက်ပြင်ဆရာ

капитан

ကပ္ပတိန်

зубной врач

သွားဘက်ဆိုင်ရာ ဆရာဝန်

ученый

သိပ္ပံပညာရှင်

раввин

ရာဘိုင်

имам

မွတ်ဆလင် တရားဟောဆရာ

монах

ဘုန်းကြီး

священник

တရားဟောဆရာ

инструменты
ကိရိယာ တန်ဆာပလာများ

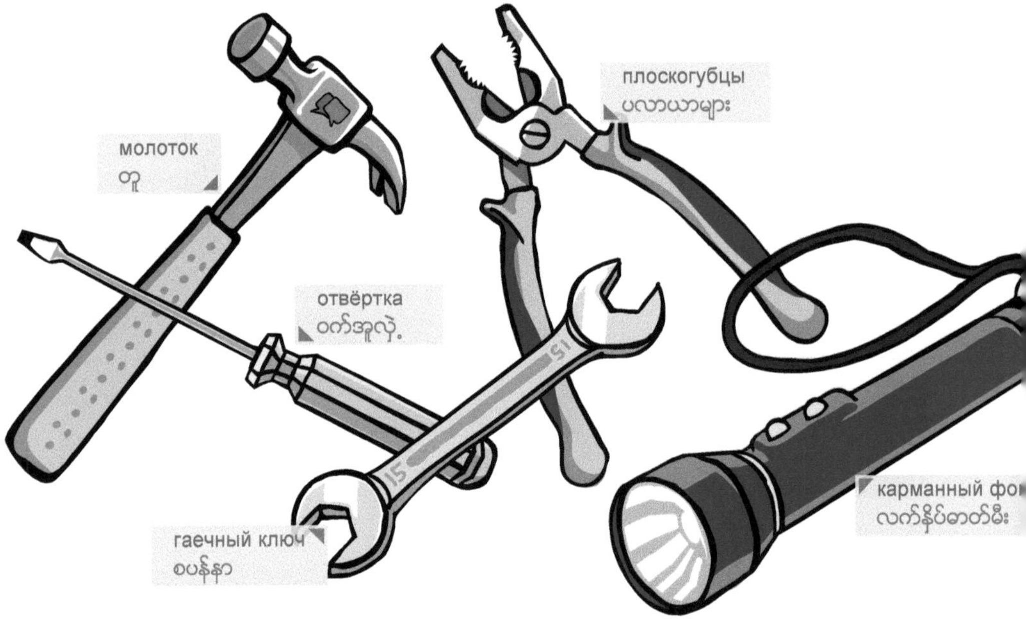

плоскогубцы
ပလာယာများ
молоток
တူ
отвёртка
ဝက်အူလှဲ့
карманный фо
လက်နှိပ်ဓာတ်မီး
гаечный ключ
စပန်နာ

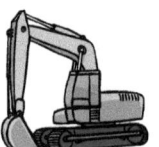

экскаватор

မြေတူးစက်

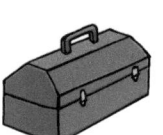

ящик для инструментов

လက်သမားသုံးကိရိယာ
သေတ္တာ

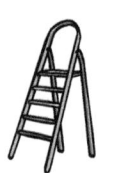

стремянка

လှေကား

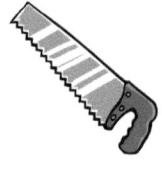

пила

လွှ

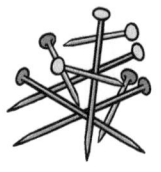

гвозди

လက်သည်းများ

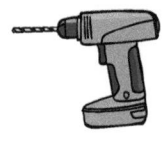

дрель

အပေါက်ဖောက်စက်

ремонтировать
ပြင်ဆင်သည်

лопата
ဂေါ်ပြား

Блин!
ချီးတဲ့မှပဲ

совок
ဖုန်ကျုံးသည့် ဂေါ်ပြား

ведро с краской
ဆေးရောင်အိုး

винты
ဝက်အူများ

музыкальные инструменты
ဂီတတူရိယာများ

громкоговоритель
အသံချဲ့စက်

ударный инструмент
ဒရမ် အစုံ

гитара
ဂီတာ

контрабас
နှစ်ထပ် ဘွေစ်ဂီတာ

труба
တံပိုး တူရိယာ

пианино

စန္ဒယား

скрипка

တယော

бас-гитара

ဘော့စ်ဂီတာ

литавры

နားစည်အမွေးပါး

барабан

ဒရမ်များ

синтезатор

ကီးဘုတ် တူရိယာ

саксофон

ဆက်ဆိုဖန်း ခေါ်
လေမှုတ်တူရိယာ

флейта

ပုလွေ

микрофон

စကားပြောစက်

တိရိစ္ဆာန်ရုံ

တိရိစ္ဆာန်ရုံ

вход
ဝင်ပေါက်

тигр
ကျား

клетка
လှောင်အိမ်

зебра
မြင်းကျား

корм
တိရိစ္ဆာန် အစားအစာ

панда
ပင်ဒါ ဝက်ဝံ

животные

တိရိစ္ဆာန်များ

слон

ဆင်

кенгуру

သားပိုက်ကောင်

носорог

ကြံ့

горилла

ဂေါ်ရီလာမျောက်

медведь

ဝက်ဝံ

верблюд

ကုလားအုတ်

страус

ၣက်ကုလားအုတ်

лев

ခြင်္သေ့

обезьяна

မျောက်

фламинго

ဖလန်မင်းဂိုးငှက်

попугай

ကြက်တူရွေး

белый медведь

ဝိုလာဝက်ဝံ

пингвин

ပင်ဂွင်းငှက်

акула

ငါးမန်း

павлин

ဥဒေါင်းငှက်

змея

မြွေ

крокодил

မိကျောင်း

служитель зоопарка

တိရိစ္ဆာန်ရုံ ထိန်းသိမ်းသူ

тюлень

ဖျံ

ягуар

ကျားသစ်

пони

ပိုနီမြင်း

леопард

ကျားသစ်

бегемот

ရေမြင်း

жираф

သစ်ကုလားအုတ်

орёл

သိန်းငှက်

кабан

တောဝက်

рыба

ငါး

черепаха

လိပ်

морж

ပင်လယ်ဖျံကြီး

лиса

မြေခွေး

газель

ဦးချိုပါ သမင်ညိုတစ်မျိုး

спорт
အားကစားများ

американский футбол
အမေရိကန် ဖွတ်ဘော
езда на велосипеде
စက်ဘီးစီးခြင်း
теннис
တင်းနစ်ရိုက်ခြင်း
баскетбол
ဘတ်စကက်ဘော
плавание
ရေကူးခြင်း
бокс
လက်ဝှေ့
хоккей
ရေခဲပြင် ဟော်ကီ

футбол

ဘောလုံးကန်ခြင်း

бадминтон

ကြက်တောင်ရိုက်ခြင်း

лёгкая атлетика

ကိုယ်လက်လှုပ်ရှား အားကစားများ

гандбол

ဟန်းဒ်ဘော ခေါ် လက်ပစ်ဘော

лыжный спорт

နှင်းလျှောစီးခြင်း

поло

ပိုလို

прыгать
ခုန်သည်

обнимать
ပွေ့ဖက်သည်

смеяться
ရယ်မောသည်

идти
လမ်းလျှောက်သည်

петь
သီချင်းဆိုသည်

молиться
ဆုတောင်းသည်

целовать
နမ်းရှုပ်သည်

мечтать
အိပ်မက်သည်

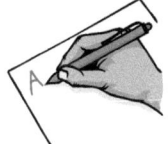

писать

စာရေးသည်

рисовать

ရေးဆွဲသည်

показывать

ပြသသည်

нажимать

တွန်းသည်

давать

ပေးသည်

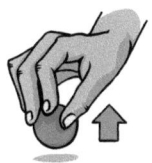

брать

ယူသည်

иметь

ရှိသည်

делать

ပြုလုပ်သည်

быть

ဖြစ်သည်

стоять

မတ်တပ်ရပ်သည်

бежать

ပြေးသည်

тянуть

ဆွဲသည်

бросать

ပစ်သည်

падать

လဲကျသည်

лежать

လိမ်လည်သည်

ждать

စောင့်ဆိုင်းသည်

носить

သယ်ဆောင်သည်

сидеть

ထိုင်သည်

надевать

အဝတ်အစားဝတ်သည်

спать

အိပ်သည်

просыпаться

အိပ်ယာမှ ထသည်

рассматривать

တစ်ခုခုကို ကြည့်ရှုသည်

плакать

ငိုသည်

гладить

ပွတ်သပ်သည်

причесывать

ဘီးဖီးသည်

говорить

စကားပြောသည်

понимать

နားလည်သည်

спрашивать

မေးသည်

слушать

နားထောင်သည်

пить

သောက်သည်

кушать

စားသည်

наводить порядок

သပ်ရပ်အောင်လုပ်သည်

любить

ချစ်သည်

готовить

ချက်ပြုတ်သည်

ехать

မောင်းသည်

летать

ပျံသန်းသည်

ходить под парусом

ရွက်လွှင့်သည်

считать

တွက်ပါ

читать

ဖတ်သည်

учиться

သင်ယူသည်

работать

အလုပ်လုပ်သည်

вступать в брак

လက်ထပ်သည်

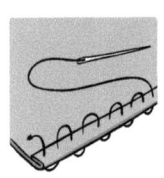

шить

အပ်ချုပ်သည်

чистить зубы

သွားတိုက်သည်

убивать

သတ်သည်

курить

ဆေးလိပ်သောက်သည်

отправлять

ပို့သည်

бабушка
အဖွား

дедушка
အဖိုး

папа
ဖခင်

мама
မိခင်

младенец
ကလေး

дочь
သမီး

сын
သား

гость

ည့်သည်

тетя

အဒေါ်

дядя

ဦးလေး

брат

အစ်ကို

сестра

အစ်မ

тело
ကိုယ်ခန္ဓာ

лоб
နဖူး
глаз
မျက်လုံး
плечо
ပုခုံး
палец
လက်ချောင်း
лицо
မျက်နှာ
подбородок
မေးစေ့
кисть
လက်
нога
ခြေသလုံး
грудь
ရင်သား
рука
လက်မောင်း

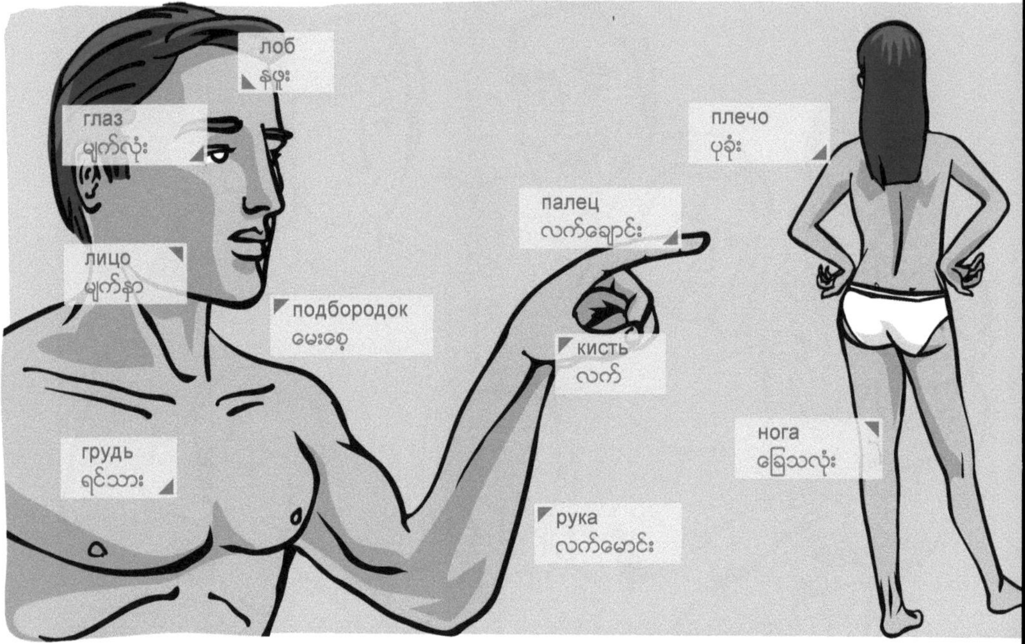

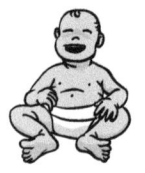

младенец

ကလေး

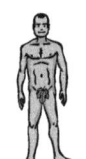

мужчина

ယောက်ျားကြီး

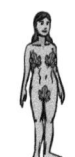

женщина

အမျိုးသမီးကြီး

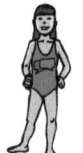

девочка

မိန်းကလေး

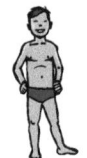

мальчик

ယောက်ျားလေး

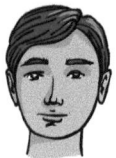

голова

ဦးခေါင်း

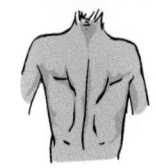

спина

нောက်ကျော

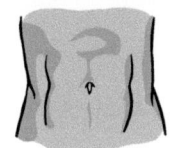

живот

ဗိုက်

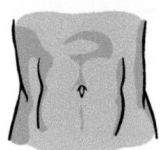

пупок

ချက်

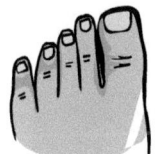

палец ноги

ခြေချောင်း

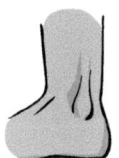

пятка

ဖနောင့်

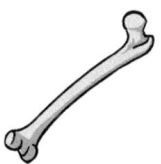

кость

အရိုး

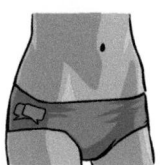

бедро

တင်ရိုး

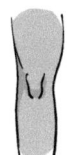

колено

ဒူးခေါင်း

локоть

တံတောင်ဆစ်

нос

နှာခေါင်း

ягодицы

တင်ပါး

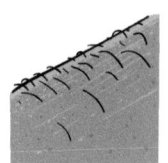

кожа

အရေပြား

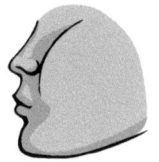

щека

ပါးပြင်

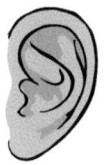

ухо

နား

губа

နှုတ်ခမ်း

тело - ကိုယ်ခန္ဓာ

рот

ပါးစပ်

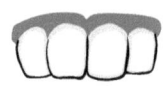

зуб

သွား

язык

လျှာ

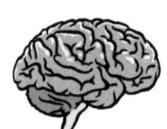

мозг

ဦးနောက်

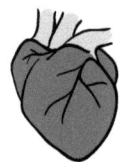

сердце

နှလုံး

мышца

ကြွက်သား

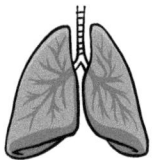

лёгкое

အဆုတ်

печень

အသည်း

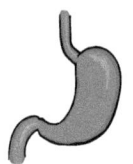

желудок

အစာအိမ်

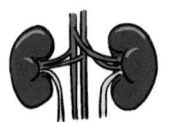

почки

ကျောက်ကပ်များ

половой акт

လိင်

презерватив

ကွန်ဒုံး

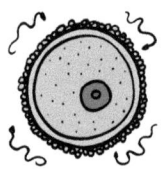

яйцеклетка

သားဥ

сперма

သုတ်ရည်

беременность

ကိုယ်ဝန်

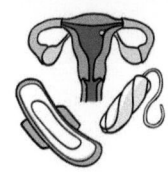

менструация

ဓမ္မတာလာခြင်း

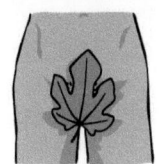

вагина

မိန်းမကိုယ်

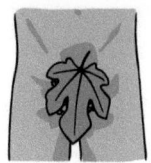

пенис

လိင်တံ

бровь

မျက်ခုံး

волосы

ဆံပင်

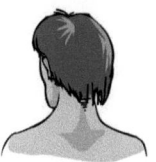

шея

လည်ပင်း

больница
ဆေးရုံ

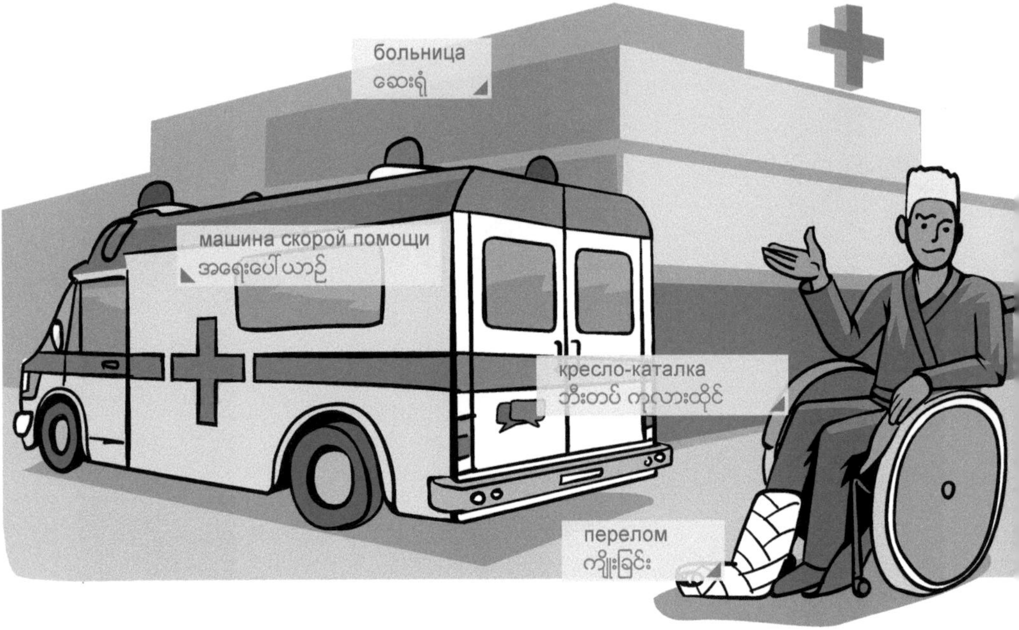

больница
ဆေးရုံ
машина скорой помощи
အရေးပေါ်ယာဉ်
кресло-каталка
ဘီးတပ် ကုလားထိုင်
перелом
ကျိုးခြင်း

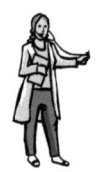

врач

ဆရာဝန်

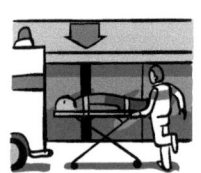

пункт первой помощи

အရေးပေါ် ဆေးကုသခန်း

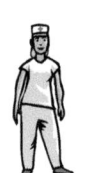

медсестра

သူနာပြု

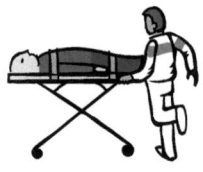

неотложный случай

အရေးပေါ်

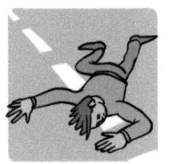

без сознания

သတိလစ်ခြင်း

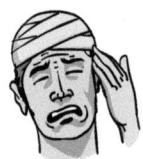

боль

နာခြင်း

повреждение

ဒဏ်ရာ

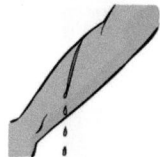

кровотечение

သွေးလိုထွက်ခြင်း

инфаркт

နှလုံးရပ်ခြင်း

инсульт

လေဖြတ်ခြင်း

аллергия

ဓာတ်မတည့်ခြင်း

кашель

ချောင်းဆိုးခြင်း

повышенная температура

အဖျား

грипп

တုတ်ကွေးရောဂါ

понос

ဝမ်းပျက်ဝမ်းလျှောခြင်း

головная боль

ခေါင်းကိုက်ခြင်း

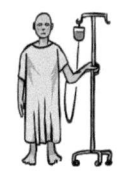

рак

ကင်ဆာရောဂါ

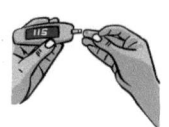

диабет

ဆီးချိုရောဂါ

хирург

ခွဲစိတ်ဆရာဝန်

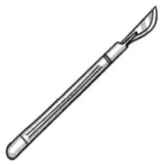

скальпель

ခွဲစိတ်ခန်းသုံးဓါးပါး

операция

ခွဲစိတ်ခြင်း

КТ
စီတီ

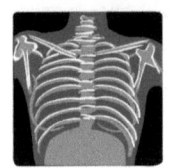

рентген
ဓာတ်မှန်

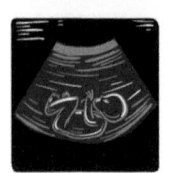

ультразвук
အာထရာဆောင်း

маска
မျက်နှာဖုံး

болезнь
ရောဂါ

приёмная
စောင့်ဆိုင်းရန် အခန်း

костыль
ချိုင်းထောက်

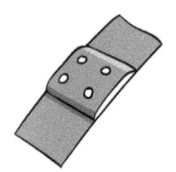

пластырь
ပလာစတာ

бинт
ပတ်တီး

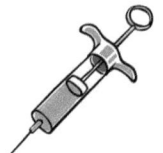

укол
ထိုးဆေး

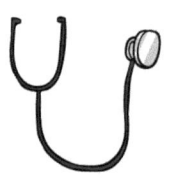

стетоскоп
နားကြပ်

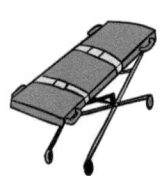

носилки
လူနာတင်ထမ်းစင်

термометр
ကာသရေးပိုင်းသုံး
အပူချိန်တိုင်းသာမိုမီတာ

рождение
မွေးဖွားခြင်း

избыточный вес
အဝလွန်ခြင်း

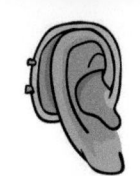

слуховой аппарат
နားကြားကိရိယာ

дезинфекционное средство
ပိုးသတ်ဆေး

инфекция
ရောဂါကူးစက်ခြင်း

вирус
ဗိုင်းရပ်စ်ပိုး

ВИЧ / СПИД
အိတ်ချ်အိုင်ဗွီ /
အေအိုင်ဒီအက်စ်

лекарство
ဆေးဝါး

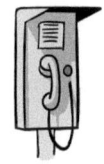

прививка
ကာကွယ်ဆေးထိုးခြင်း

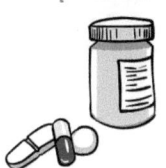

таблетки
ဆေးလုံးများ

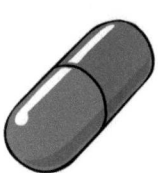

противозачаточная таблетка
ဆေးလုံး

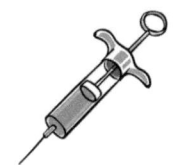

экстренный вызов
အရေးပေါ် ဖုန်းခေါ်ဆိုမှု

прибор для измерения кровяного давления
သွေးဖိအား စောင့်ကြည့်သည့် ကိရိယာ

больной / здоровый
နာမကျန်းသော / ကျန်းမာသော

сигнал тревоги

အရေးပေါ် ခေါင်းလောင်း

нападение

ရိုက်နက်သည်

Помогите!

ကူညီကြပါ။

атака

တိုက်ခိုက်သည်

опасность

အန္တရာယ်

запасной выход

အရေးပေါ် ထွက်ပေါက်

Пожар!

မီး။

огнетушитель

မီးသတ်ဗူး

несчастный случай

မတော်တဆဖြစ်ရပ်

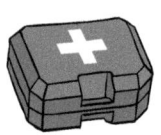

аптечка

ကြက်ခြေနီ ဆေးပုံး

SOS

အက်စ်အိုအက်စ်

милиция

ရဲ

Европа

ဥရောပတိုက်

Северная Америка

မြောက်အမေရိကတိုက်

Южная Америка

တောင်အမေရိကတိုက်

Африка

အာဖရိကတိုက်

Азия

အာရှတိုက်

Австралия

ဩစတြေးလျတိုက်

Атлантический океан

အတ္လန္တိတ် သမုဒ္ဒရာ

Тихий океан

ပစိဖိတ် သမုဒ္ဒရာ

Индийский океан

အိန္ဒိယ သမုဒ္ဒရာ

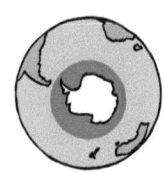

Антарктический океан

အန္တာတိတ် သမုဒ္ဒရာ

Северный Ледовитый океан

အာတိတ် သမုဒ္ဒရာ

Северный полюс

မြောက်ဝင်ရိုးစွန်း

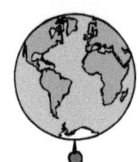

Южный полюс

တောင်ဝင်ရိုးစွန်း

Антарктика

အန္တာတိကတိုက်

земля

ကမ္ဘာမြေကြီး

суша

ကုန်းမြေ

море

ပင်လယ်

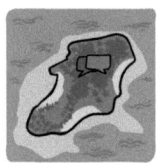

остров

ကျွန်း

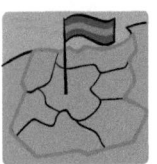

нация

နိုင်ငံကူးလက်မှတ်

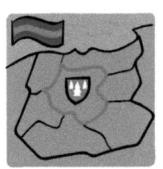

государство

ပြည်နယ်

циферблат

နာရီမျက်နှာပြင်

часовая стрелка

နာရီလက်တံ

минутная стрелка

မိနစ်လက်တံ

секундная стрелка

ဒုတိယလက်တံ

Который час?

ဘယ်အချိန်ရှိပြီလဲ။

день

ရက်

время

အချိန်

сейчас

ယခု

электронные часы

ဒစ်ဂျစ်တယ် လက်ပတ်နာရီ

минута

မိနစ်

час

နာရီ

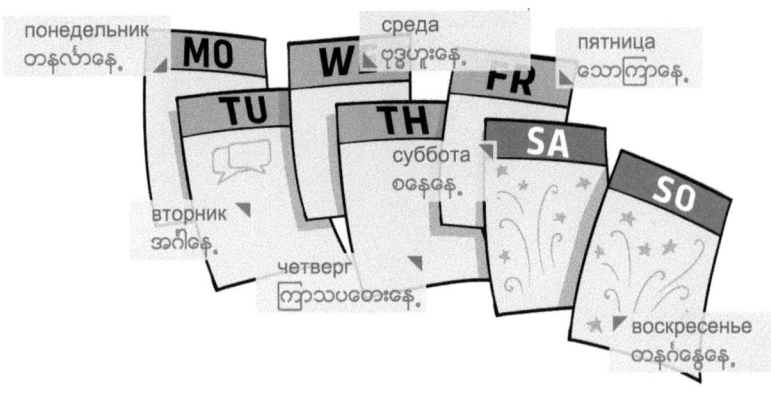

понедельник
တနင်္လာနေ့.

среда
ဗုဒ္ဓဟူးနေ့.

пятница
သောကြာနေ့.

вторник
အင်္ဂါနေ့.

четверг
ကြာသပတေးနေ့.

суббота
စနေနေ့.

воскресенье
တနင်္ဂနွေနေ့.

вчера

မနေ့.က

сегодня

ယနေ့.

завтра

မနက်ဖြန်

утро

မနက်

полдень

နေ့.လည်

вечер

ညနေ

рабочие дни

အလုပ်လုပ်ရက်များ

выходные

စနေ တနင်္ဂနွေ အားလပ်ရက်

80

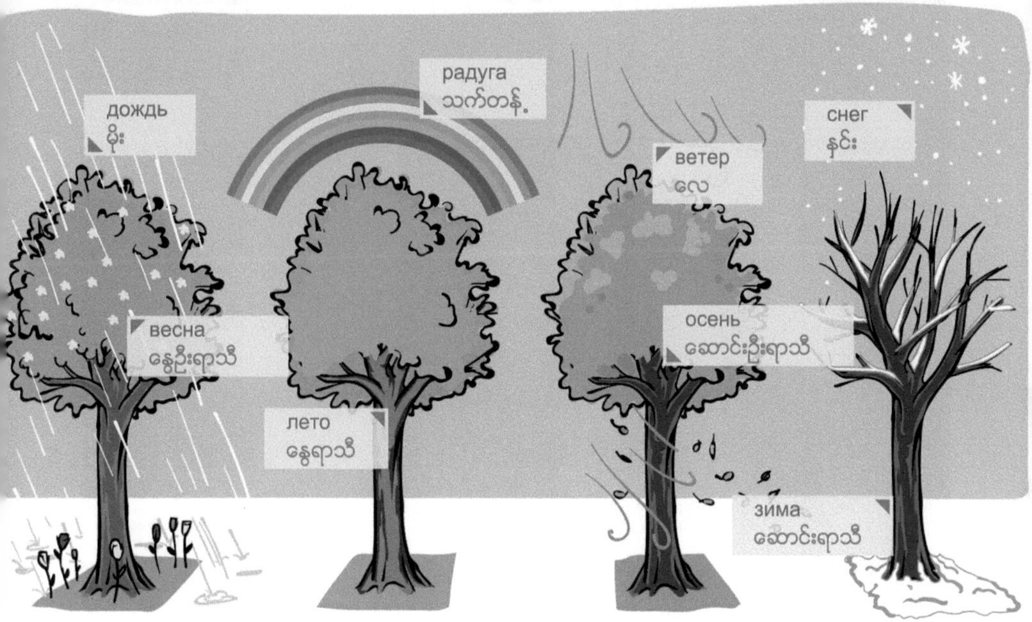

дождь
မိုး
радуга
သက်တန့်
ветер
လေ
снег
နှင်း
весна
နွေဦးရာသီ
лето
နွေရာသီ
осень
ဆောင်းဦးရာသီ
зима
ဆောင်းရာသီ

4.APRIL 11°
5.APRIL 4°
6.APRIL 13°
7.APRIL 8°
8.APRIL 10°

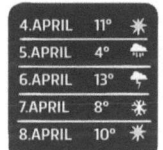

прогноз погоды

းလေဝသ ကြိုတင်ခန့်မှန်းချက်

F C
120 40
90 30
60 20
30 10
0 0
-30 -10
-20

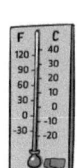

термометр

အပူချိန်တိုင်း ကိရိယာ

солнечный свет

နေရောင်ခြည်

туча

တိမ်

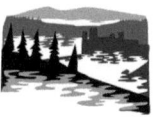

туман

မြူ

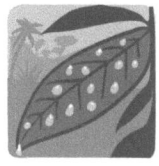

влажность воздуха

စိုထိုင်းဆ

молния

လျှပ်စီးလက်ခြင်း

гром

မိုးကြိုး

буря

မုန်တိုင်း

град

မိုးသီး

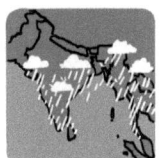

муссон

မိုးရာသီ

наводнение

ရေကြီးခြင်း

лёд

ရေခဲ

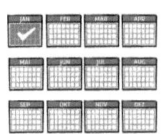

январь

ဇန်နဝါရီလ

февраль

ဖေဖော်ဝါရီလ

март

မတ်လ

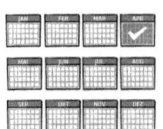

апрель

ဧပြီလ

май

မေလ

июнь

ဇွန်လ

июль

ဇူလိုင်လ

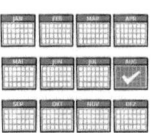

август

သြဂုတ်လ

год - နှစ်

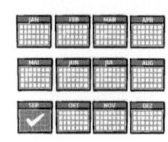

сентябрь

စက်တင်ဘာလ

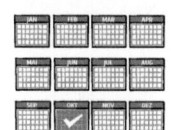

октябрь

အောက်တိုဘာလ

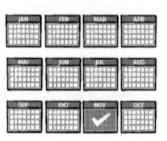

ноябрь

နိုဝင်ဘာလ

декабрь

ဒီဇင်ဘာလ

формы
ပုံစံများ

круг

စက်ဝိုင်း

квадрат

စတုရန်း

прямоугольник

ထောင့်မှန်စတုဂံ

треугольник

တြိဂံ

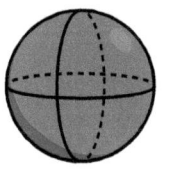

шар

စက်ဝန်း

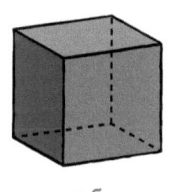

куб

အတုံး

белый

အဖြူရောင်

желтый

အဝါရောင်

оранжевый

လိမ္မော်ရောင်

розовый

ပန်းရောင်

красный

အနီရောင်

лиловый

ခရမ်းရောင်

синий

အပြာရောင်

зелёный

အစိမ်းရောင်

коричневый

အညိုရောင်

серый

မီးခိုးရောင်

черный

အနက်ရောင်

много / мало

အများအပြား / အနည်းငယ်

яростный / мирный

စိတ်ဆိုးသော /
စိတ်တည်ငြိမ်သော

красивый / уродливый

လှပသော / ရုပ်ဆိုးသော

начало / конец

အစ / အဆုံး

большой / маленький

အကြီးသော / အငယ်

светлый / темный

တောက်ပသော / မှောင်မဲသော

брат / сестра

ညီအစ်ကို / ညီအစ်မ

чистый / грязный

သန့်ရှင်းသော / ညစ်ပတ်သော

полный / неполный

ပြည့်စုံသော / မပြည့်စုံသော

день / ночь

နေ့ / ည

мёртвый / живой

သေသော / ရှင်သော

широкий / узкий

ကျယ်သော / ကျဉ်းသော

съедобный / несъедобный

စားသုံးနိုင်သော / မစားသုံးနိုင်သော

злой / дружелюбный

စိတ်ယုတ်သော / ကြင်နာသော

взволнованный / скучающий

စိတ်လှုပ်ရှားဖွယ် / ပျင်းရိဖွယ်

толстый / худой

ဝသော / ပိန်သော

сначала / в конце

ပထမ / နောက်ဆုံးပိတ်

друг / враг

မိတ်ဆွေ / ရန်သူ

полный / пустой

အပြည့် / ဘာမှမရှိ

твёрдый / мягкий

မာသော / ပျော့သော

тяжёлый / легкий

လေးလံသော / ပေါ့ပါးသော

голод / жажда

ိဆာလောင်သော / ရေဆာသော

больной / здоровый

နာမကျန်းသော / ကျန်းမာသော

незаконный / законный

တရားမဝင်သော / တရားဝင်သော

умный / глупый

ဉာဏ်ကောင်းသော / ထိုင်းသော

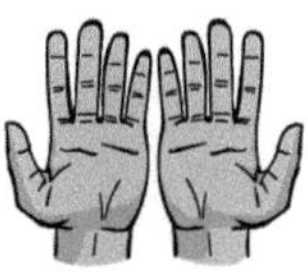

слева / справа

ဘယ် / ညာ

близко / далеко

နီးသော / ဝေးသော

новый / подержанный

အသစ် / အသုံးပြုပြီးသား

ничто / нечто

ဘာမှမရှိ / တစ်ခုခု

старый / молодой

အသက်ကြီးသော / ငယ်ရွယ်သော

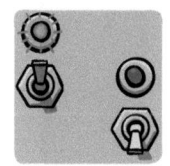

включено / выключено

ဖွင့်သော / ပိတ်သော

открыто / закрыто

ဖွင့်သော / ပိတ်သော

тихо / громко

တိတ်ဆိတ် / ကျယ်လောင်

богатый / бедный

ချမ်းသာ / ဆင်းရဲ

правильный / неправильный

အမှန် / အမှား

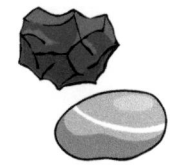

шероховатый / гладкий

ကြမ်းတမ်း / ချောမွေ့

печальный / счастливый

ဝမ်းနည်း / ဝမ်းသာ

короткий / длинный

အတို / အရှည်

медленный / быстрый

အနေး / အမြန်

мокрый / сухой

စွတ်သော / ခြောက်သွေ့သော

тёплый / прохладный

နွေးထွေးသော / အေးမြသော

война / мир

စစ် / ငြိမ်းချမ်းရေး

0
ноль

သုည

1
один

တစ်

2
два

နှစ်

3
три

သုံး

4
четыре

လေး

5
пять

ငါး

6
шесть

ခြောက်

7
семь

ခုနစ်

8
восемь

ရှစ်

9
девять

ကိုး

10
десять

တစ်ဆယ်

11
одиннадцать

ဆယ့်တစ်

12

двенадцать
ဆယ့်နှစ်

13

тринадцать
ဆယ့်သုံး

14

четырнадцать
ဆယ့်လေး

15

пятнадцать
ဆယ့်ငါး

16

шестнадцать
ဆယ့်ခြောက်

17

семнадцать
ဆယ့်ခုနစ်

18

восемнадцать
ဆယ့်ရှစ်

19

девятнадцать
ဆယ့်ကိုး

20

двадцать
နှစ်ဆယ်

100

сто
ရာ

1.000

тысяча
ထောင်

1.000.000

миллион
မီလျံ

английский

အင်္ဂလိပ် ဘာသာစကား

американский английский

အမေရိကန် အင်္ဂလိပ် ဘာသာစကား

мандаринский китайский

တရုတ် မန်ဒရင်း ဘာသာစကား

хинди

ဟိန္ဒူ ဘာသာစကား

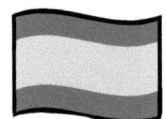

испанский

စပိန် ဘာသာစကား

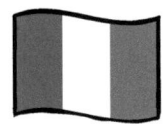

французский

ပြင်သစ် ဘာသာစကား

арабский

အာရဗီ ဘာသာစကား

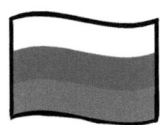

русский

ရုရှ ဘာသာစကား

португальский

ပေါ်တူဂီ ဘာသာစကား

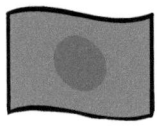

бенгальский

ဘင်္ဂလီ ဘာသာစကား

немецкий

ဂျာမန် ဘာသာစကား

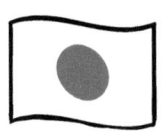

японский

ဂျပန် ဘာသာစကား

я

ကျွန်ုပ်

ты

သင်

он / она / оно

သူ / သူမ / ၎င်း

мы

ကျွန်ုပ်တို့

вы

သင်တို့

они

သူတို့

кто?

ဘယ်သူလဲ။

что?

ဘာလဲ။

как?

ဘယ်လိုလဲ။

где?

ဘယ်နေရာလဲ။

когда?

ဘယ်အချိန်လဲ။

имя

အမည်

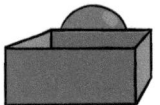

за

အနောက်ဖက်

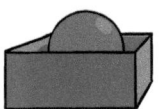

в

အတွင်း

перед

အရှေ့ဖက်

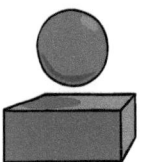

над

အထက်ဖက်

на

အပေါ်ဖက်

под

အောက်ဖက်

рядом

ဘေးဖက်

между

ကြား

место

နေရာ